Sofie Meys

Das Hochbeet
für Gemüse, Käuter und Blumen

Sofie Meys

Das Hochbeet
für Gemüse, Kräuter und Blumen

Für meinen Vater († Oktober 2011)

Leopold Stocker Verlag
Graz – Stuttgart

Umschlaggestaltung:
DSR Werbeagentur Rypka GmbH, 8143 Dobl/Graz, www.rypka.at
Titelbild: Sofie Meys

Bildnachweis:
Günter Hauer, Graz: S. 20 u., S. 34 l.; Steffen Hauser (www.botanikfoto.com), Berlin: S. 57; Corinna Meys:
alle Skizzen und Grafiken; Josef Pollhammer: S. 15, S. 16, S. 98; Bernhard Protiwensy (www.pbi-austria.at):
S. 111 o.; Thomas Söhner (www.schafbuckel.de): S. 147. Alle übrigen Bilder wurden uns freundlicherweise
von der Autorin zur Verfügung gestellt.

Bibliografische Information der Deutschen Nationalbibliothek
Die Deutsche Nationalbibliothek verzeichnet diese Publikation in der Deutschen Nationalbibliografie;
detaillierte bibliografische Daten sind im Internet unter http://dnb.d-nb.de abrufbar.

Hinweis: Dieses Buch wurde auf chlorfrei gebleichtem Papier gedruckt. Die zum Schutz vor Verschmutzung
verwendete Einschweißfolie ist aus Polyethylen chlor- und schwefelfrei hergestellt. Diese umweltfreundli-
che Folie verhält sich grundwasserneutral, ist voll recyclingfähig und verbrennt in Müllverbrennungsanla-
gen völlig ungiftig.

Auf Wunsch senden wir Ihnen gerne kostenlos unser Verlagsverzeichnis zu:
Leopold Stocker Verlag GmbH
Hofgasse 5 / Postfach 438
A-8011 Graz
Tel.: +43 (0)316/82 16 36
Fax: +43 (0)316/83 56 12
E-Mail: stocker-verlag@stocker-verlag.com
www.stocker-verlag.com

ISBN 978-3-7020-1351-6

Layout und Repro: DSR Werbeagentur Rypka GmbH, 8143 Dobl/Graz
Druck: Druckerei Theiss GmbH, A-9431 St. Stefan

Inhalt

Sofie Meys

Dank

Es gibt so viele Menschen, bei denen ich mich zu bedanken hätte!

An dieser Stelle kann ich mich nur auf einige wenige beschränken und möchte als erstes meine Mutter erwähnen, deren grüner Daumen wirklich einzigartig ist.

Jemand, der Tote wieder zum Leben erwecken kann, ist mit Sicherheit etwas ganz Besonderes. Wobei es sich bei den Toten natürlich um Pflanzen handelt, die ihr Leben im Grunde schon ausgehaucht hatten und durch Zufall in die Obhut meiner Mutter gelangt waren. Die meiner Mutter anvertrauten Gewächse erholen sich meist schnell. Sie werden von ihr immer aufs Beste und mit allem versorgt, was sie zum optimalen Gedeihen benötigen. Glücklich ist, wer so eine Mutter hat! Meine Liebe, Bewunderung und Dankbarkeit lässt sich nur schwer in Worte fassen.

Meinen Kindern sage ich hiermit ganz herzlich „Danke", dafür, dass sie so viel Geduld aufgebracht haben, einer schreibenden Mutter gegenüber, die häufig etwas abwesend erscheinen musste. Dass ich dennoch immer unterstützt wurde, ist absolut anerkennenswert und verdient es, hier lobend und voller Dankbarkeit erwähnt zu werden.

Sascha möchte ich danken für seinen selbstlosen Einsatz bei allen handwerklichen Aktionen, die ein praxisorientiertes Fachbuch nun einmal mit sich bringt! Es war und ist immer wieder wundervoll, mit ihm zusammenzuarbeiten und dabei etwas Sinnvolles auf die Beine zu stellen!

Dankbar bin ich dafür, dass ich so vielfältig unterstützt wurde. Damit meine ich vor allem auch Brigitte, Reinhard, Petra, Moni, Nick, Sarah, Lisa, Andrea, Beate, Lisa-Marie, Moritz, Corinna und Christian. Ein Dank an euch alle und an Cori für die schönen Zeichnungen!

Auch beim Team des Leopold-Stocker-Verlags möchte ich mich bedanken, und dort bei all denjenigen, die mir bei diesem Projekt ihr volles Vertrauen geschenkt haben!

Und zu guter Letzt verdienen alle Menschen, die auch in schweren Zeiten zu ihren Liebsten halten, tröstend und helfend zur Verfügung stehen, ein herzliches Dankeschön!

Vorwort

Wir leben in Zeiten, in denen die alltäglichen Belastungen stetig zunehmen.

Informationen in Hülle und Fülle erreichen uns tagtäglich, müssen sortiert und verarbeitet werden. Die Zahl derer, die sich völlig ausgebrannt fühlen oder gar unter dem Burnout-Syndrom leiden, wächst beständig und war noch nie so groß wie heute.

Als Gegenpol zu dieser Entwicklung gewinnen grüne Erholungsräume, wie Gärten, Balkone oder Terrassen, an Bedeutung. Sie können als eine Art „Kraftort" fungieren und dazu beitragen, die Balance zwischen Anspannung und Entspannung wieder herzustellen.

Der zusätzliche Wohnraum im Freien wird – vor allem im Sommerhalbjahr – nicht selten zum beliebtesten Treffpunkt aller Bewohner des Hauses oder der Wohnung. Flexibel passt er sich den Vorlieben seiner Nutzer an und dient wunschweise als Spielwiese, Gemüsegarten oder Oase der Ruhe.

Eine ganze Branche dreht sich gewinnbringend nur um den Garten und hält von Gartenwerkzeug, Pflanzkübeln in allen Größen und Formen über ein breit gefächertes Samen- und Pflanzensortiment bis zur Grillzange alles für den grünen Freizeitspaß bereit. Allerdings definiert sich ein Garten oder ein Balkon nicht bloß über gestalterische Gesichtspunkte, vielmehr spielt auch die Eigeninitiative eine nicht unwesentliche Rolle, die bei der fortwährenden Nutzung einer begrünten Außenanlage automatisch nötig wird.

Durch Aktivitäten wie Umgraben, Unkrautjäten oder Rasenmähen macht sich der Garten ebenso bemerkbar wie durch seine offensichtliche Einladung zu Erholung, Zerstreuung und Inspiration, die man beim Aufenthalt in einer liebevoll gestalteten Grünanlage in jedem Fall auch erwarten darf.

An einen Garten werden heutzutage sehr vielfältige Ansprüche gestellt. Er soll die Sinne ebenso ansprechen wie er den übermüdeten Geist erfrischen oder inspirieren soll. Im besten Fall wird ein selbst bearbeiteter Garten auch ein Gefühl der Verbundenheit mit der Natur vermitteln. Besonders in ökologisch gestalteten Gärten sind vielfältige Beobachtungen von Tieren und Pflanzen möglich. Die Freude, seltene Tierarten vor der eigenen Haustür anzusiedeln, ermuntert Naturfreunde jeden Alters dazu, Nisthilfen für Vögel, Bienen und viele andere heimische Tiere in ihren Gärten anzubieten. Im Zusammenspiel mit einer entsprechenden Bepflanzung wird selbst das kleinste Stück Gartenland zu einem Zufluchtsort für Tiere in Wohnungsnot.

In einem lebendigen Garten findet auch der Mensch Frieden, Harmonie oder einfach die Möglichkeit zum Abschalten und Entspannen. Wo könnte man die Belastungen des Alltags besser abschütteln als im eigenen Gartenparadies?

Übermäßig anstrengen möchten sich allerdings die wenigsten, wenn sie sich an die Erledigung der Gartenarbeit machen. Bei vielen – nicht nur bei Älteren – kommen zudem gesundheitliche Probleme hinzu, die allzu intensive Betätigungen verbieten. Auch die Wellness-Bewegung scheint nun in die meisten Gärten und sogar auf viele bunt bepflanzte Balkone eingezogen zu sein.

Gleichzeitig steigt auch wieder der Trend zum Gemüse aus eigenem Anbau, zu Kräutern, die frisch geerntet in den Kochtopf wandern, sowie ganz allgemein der Wunsch nach einer grünen Wohlfühloase.

Und wären dies noch nicht genug der Ansprüche, so wünschen sich viele auch ein „grünes Reich“, das repräsentativ und vorzeigbar ist, das jeden, der es betritt, mit optischen Reizen verführen kann. Der ästhetische Aspekt einer Gartenanlage darf demnach ebenfalls nicht vernachlässigt werden!

Fassen wir nun all diese Ansprüche zusammen, so sollte ein Garten oder ein begrünter Balkon zugleich Harmonie ausstrahlen, mit der Natur verbinden, nur einen mäßigen Arbeitseinsatz von uns fordern, gleichzeitig mit vollendeter Ästhetik unsere Sinne verführen und dabei gesundes Gemüse, Kräuter und bunte Blumen liefern. Das ist nicht eben wenig und es bedarf mit Sicherheit einiger Planung, damit ein Garten, eine Terrasse oder ein Balkon diesen verschiedenartigen Ansprüchen gerecht werden kann. Der eifrige Gartenplaner wird schon bald auf einige attraktive Gestaltungsneuheiten aufmerksam werden, mit deren Hilfe sich seine Träume vom grünen Paradies schnell in die Tat umsetzen lassen. Wenn er oder sie doch nur einen Garten hätte, in welchem die Arbeit nicht anstrengt, sondern belebt, wo Früchte „in den Mund hineinwachsen“, sich bunte Schmetterlinge wohlfühlen und zarte Blüten die Sinne betören!

Eine Neuheit im Bereich der modernen Gartengestaltung, die im Grunde so neu gar nicht ist, sondern auf eine uralte Tradition zurückblicken kann, wird vermutlich ganz besonders Männer begeistern. „Mann" wird sich vermutlich fragen, warum er nicht schon früher darauf gekommen ist, dass ein gestaltendes Gartenelement, das den Wünschen und Ansprüchen der Gartenbewohner auf so bezaubernde Art und Weise entgegenkommt, einfach genial ist und damit praktisch nur Vorteile verbunden sind.

Um eben dieses Gartenelement soll es in diesem Buch gehen:
Hochbeete in ihrer ganzen Pracht und Vielfalt!

Gärtner in luftiger Höhe

Beim Gärtnern in höheren Sphären schweben – wer träumt nicht davon? Sich diesen Wunsch zu erfüllen, ist im Grunde ganz einfach! Hochbeete aller Arten sind heute wieder groß in Mode. Ob aus Holz, Metall, Kunststoff oder Stein, ein in die Höhe gebautes Beet ist in jedem Fall immer auch eine ganz besondere Zierde für den Garten.

Es macht Freude, sich mit Pflanzen auf gleicher Augenhöhe auszutauschen. Es schont außerdem den Rücken, Pflanzen im aufrechten Stand zu säen, zu hegen und zu pflegen.

Durch die erhöhten Temperaturen und einer stetig andauernden Nährstoffversorgung finden in Hochbeeten kultivierte Pflanzen optimale Wachstumsbedingungen vor.

Auch die Ernte oder das Pflücken von bunten Blumensträußen wird an einem höher gelegten Beet zum reinen Vergnügen. Ein Hochbeet oder gar ein ganzer Hochbeetgarten wird ganz schnell zum Lieblingsplatz.

Was verstehen wir unter einem Hochbeet?

Balsam für den Rücken

Seit wann gibt es Hochbeete?

Guter Einstieg für Gartenneulinge

Das Hochbeet wird geplant

Eine einfache Hochbeet-lösung: Vorgefertigte Hölzer werden ineinander gesteckt.

Die Vorteile überwiegen
bei Weitem.

Das Gärtnern in Hochbeeten besitzt nur wenige Nachteile.
Die zahlreichen Vorteile liegen auf der Hand, denn...

Hochbeete...

... bieten eine bequeme Arbeitshöhe, ohne sich bücken zu
müssen.

... nutzen die vorhandene Gartenfläche optimal aus.

... sind auch für Gartenanfänger leicht zu bearbeiten.

... geben Grünabfällen wie Holzschnitt, Laub, Grasschnitt etc.
beim Befüllen des Beetes eine sinnvolle Verwendung und können daher auch als Ersatz für einen Komposter dienen.

... lassen durch den Prozess der Verrottung im Inneren des Beetes eine besonders gehaltvolle und fruchtbare Erde entstehen.

... erwärmen sich im Frühjahr schneller durch
a) ihre exponierte Lage sowie
b) durch die Freisetzung von Verrottungswärme.

... sind dekorative Gartenelemente.

Höher, bequemer, üppiger

... sind vor allem auch für Ältere oder Rollstuhlfahrer gut erreichbar.

... können durch eine entsprechende Abdeckung in ein Frühbeet
verwandelt werden.

... versprechen frühere und reichhaltigere Erträge auf kleinstem
Raum.

... lassen das Gärtnern auch auf verdichteten oder ungeeigneten
Böden zu.

... finden sogar auf jedem Balkon ein Plätzchen.

... bedeuten praktizierten Artenschutz durch die Integration von
Nisthilfen in die Hochbeetumrandung.

... erleichtern die Unkraut- und Schädlingsbekämpfung.

... bieten samt der Bepflanzung Sichtschutz.

... können als Begrenzung des Grundstücks dienen.

... teilen den Garten sehr dekorativ in einzelne Räume ein.

Was verstehen wir unter einem Hochbeet?

Erhöhtes Beetniveau

Wie der Name schon so trefflich ausdrückt, verstehen wir unter einem
Hochbeet im Allgemeinen ein Beet, das sich im Vergleich zur Umgebung
über das normale Niveau hinaus erhebt und demnach höher liegt als
das restliche es umgebende Gartengelände.

Demnach wäre sogar jeder größere Kübel schon als Hochbeet zu bezeichnen. Und selbst ausgehöhlte Steintröge, wie sie früher zum Tränken von Nutztieren verwendet wurden, könnte man als Hochbeet bezeichnen, wenn diese wunderschön mit Blumen, Kräutern oder Gemüse bepflanzt werden und zum Abfluss des Stauwassers ein Abzugsloch erhalten. Auch sie bieten eine bequemere – da leicht erhöhte – Arbeitsfläche.

Alte Tröge und große Kübel

Wenn wir von einem Hochbeet sprechen, meinen wir jedoch gewöhnlich ein Beet, das durch formgebende Elemente, also Steine, Holzlatten, Äste oder jegliches andere standhafte Material, einen Rahmen erhält, in dessen Mitte ein Hohlraum entsteht, der nun mit verrottbaren wie auch unverrottbaren Substanzen sowie mit Pflanzsubstrat aufgefüllt werden kann.

Der Unterschied zum Hügelbeet

Dadurch unterscheidet sich ein Hochbeet auch von einem **Hügelbeet**, das auf diese formgebenden Seitenwände normalerweise verzichtet.

Hügelbeete werden durch bloßes Aufschichten verrottbarer Substanzen, wie Äste, Laub, Grassoden, Grünabfälle etc., zu einem länglichen Hügel von etwa 1 bis 2 Metern Breite modelliert und mit einer abschließenden Schicht aus guter Pflanzerde abgedeckt.

Die Höhe eines Hügelbeetes unterliegt keiner strengen Vorgabe. Allerdings haben sich Höhen deutlich unter 1 Meter bewährt, da sonst die Verrottung der Hügel durch die Dicke der Schichten gebremst würde. Meist sieht man relativ flache Wälle, die nicht nur auf ihrer Krone, vielmehr auch an den seitlichen Hängen bepflanzt werden können.

Im Unterschied dazu setzen wir bei einem Hochbeet schon eine entsprechende Höhe von mindestens 60 cm oder mehr voraus, die durch eine Abstützung in Form von soliden Seitenwänden erreicht wird, wodurch eine wesentlich bessere Erreichbarkeit der horizontalen Pflanzfläche des Beetes möglich ist. Im klassischen Sinne erhält das Hochbeet sogar eine Höhe von 70 bis 90 cm, wodurch den Rücken schonendes Arbeiten ermöglicht wird.

Ein abgeerntetes Hügelbeet im Freilichtmuseum Stübing

Beliebt sind auch Fertigbausätze, die man im Fachhandel – etwa in Gartencentern – käuflich erwerben kann. Sie bestehen zumeist aus Holzlatten, die als dekorative Außenwände des Beetes verschraubt – manchmal auch bloß zusammengesteckt – werden. Diese werden anschließend zur Innenseite hin mit Folie ausgekleidet, um das Holz vor Berührungen mit dem Erdreich zu schützen. Derartige Beete sind meist viele Jahre haltbar.

Beete aus dem Gartencenter

Ebenso praktisch und vor allem noch weitaus langlebiger sind aus Steinen gemauerte Hochbeete, deren Vorteil außerdem darin besteht, dass man sie je nach Geschmack und Vorliebe rund, oval, rechteckig oder in jeder anderen beliebigen Form anfertigen kann.

Selbstverständlich können Hochbeete auch mit verrottbarem Material eingeschalt werden. Hierzu zählen einfache Bretter, Reisig oder andere Holzabfälle. Diese Art von Hochbeeten ist vor allem in Biogärten sinnvoll, da sie die natürlichen Kreisläufe der Natur auf eindrucksvolle Weise versinnbildlicht: Bricht ein solches Beet in sich zusammen, weil seine formgebende Umhüllung den fortschreitenden Abbauprozessen nicht länger standhält, wird es an anderer Stelle wieder neu errichtet! Auf diese Weise erhält anfallender Gehölzschnitt, der zum Bau des Beetes verwendet wurde, eine sinnvolle Aufgabe.

Man könnte ein Hochbeet auch zum Abfangen eines Hanges verwenden. Dafür muss der Untergrund dementsprechend mit einer Drainage sowie einer ausreichenden Verfestigung des Erdreiches vorbereitet werden.

Auf der Hangseite werden zunächst Steine verwendet, um den Hang zu stabilisieren.

Die Vorderseite des Beetes kann aus Steinen ebenso wie auch aus dekorativen Hölzern bestehen.

Die Vielfältigkeit der Erscheinungsformen von Hochbeeten ist quasi unbegrenzt. Denkbar sind auch Hochbeete aus alten Autoreifen, Teilen von Schachtrohren, Stahlzaun-Elementen, alten Drahtkörben und vielem mehr. Selbst kreativ zu werden, ist beim Hochbeetbau durchaus erlaubt und bereitet zudem viel Freude. Dankbar geben uns die später dort gesetzten Pflanzen unsere in ein Hochbeet investierte Arbeitsleistung mit besonders gesundem und üppigem Wachstum um ein Vielfaches wieder zurück.

Beete für den Biogarten

Solide Seitenwände stützen das Hochbeet ab.

Balsam für den Rücken

Von Rückenschmerzen betroffen war wohl jeder schon einmal in seinem Leben. Leider sind auch die chronischen Verläufe dieser „Volkskrankheit" auf dem Vormarsch.

Zu den häufigsten Auslösern von Rückenschmerzen zählen neben altersbedingtem Verschleiß der Wirbelsäule auch ungünstige Körperhaltungen sowie ganz allgemein ein den Rücken belastendes Bewegungsverhalten. Jedes Vornüberbeugen des Oberkörpers aus dem Stand oder Sitzen heraus stellt eine Belastung für den Rücken dar. Es wird dabei ein immenser Druck auf die einzelnen Wirbel sowie deren mit Knorpelmasse gefüllten Zwischenräume ausgeübt. Das Einnehmen einer aufrechten Haltung dagegen entlastet die Wirbelsäule spürbar.

Eine gebückte Haltung verursacht Rückenschmerzen.

Bei vielen Betätigungen ist es jedoch kaum vermeidbar, die aufrechte Haltung aufzugeben, um sich zu bücken, zu beugen oder irgendeine andere, die Wirbelsäule belastende Haltung einzunehmen. Als sehr anstrengend für den Rücken wird auch die Arbeit im Garten eingestuft. Umgraben, Jäten, Pflanzen und selbst Gießen bedeuten Schwerstarbeit nicht nur für die Muskeln. Gerade auch die Wirbelkörper werden bei derlei Tätigkeiten einem enormen Druck ausgesetzt. Doch können nun all diejenigen, deren Rücken nach jeder Arbeitseinheit im Garten mit höllischen Schmerzen reagiert, aufatmen.

Schwerstarbeit im Garten

Eine Umgestaltung in ein Rücken schonendes Gartenparadies ist tatsächlich möglich und nicht einmal besonders kompliziert. Anstatt sich zu den Pflanzen hinunterzubeugen, holt man sie sich einfach in eine bequeme Arbeitshöhe hinauf und setzt sie in ein höher gebautes Beet, in dem sie noch dazu aufs Beste gedeihen.

Hochbeete sind nicht nur schön anzusehen! Sie verhelfen den daran arbeitenden Personen zu einem beinahe aufrechten Stand, während gesät, gejätet oder geerntet wird. Von diesem Vorteil profitieren nicht nur Ältere. Den Rücken zu schonen, ist in jedem Alter sinnvoll!

Aufrecht am Hochbeet arbeiten!

Hochbeete gibt es in einer praktisch unbegrenzten Vielfalt. Auch wenn diese Form des Gärtnerns zurzeit gerade wieder einen regelrechten Boom erfährt, handelt es hierbei doch um eine recht alte Anbauweise mit einer langen Tradition. Schon vor Hunderten von Jahren schmückten Hochbeete die Gärten des Mittelalters und versorgten die Menschen schon damals mit gesunden Kräutern und nahrhaftem Gemüse.

Kinder lieben ihren Hochbeet-Garten.

Seit wann gibt es Hochbeete?

Der Übergang vom Hügel- zum Hochbeet vollzog sich fließend. Mit einfachen Hügeln fing das erhöhte Gärtnern einst an. Chinesische Gärtner nutzten die vergrößerte Anbaufläche der zu Hügeln aufgeschichteten Beete bereits vor vielen Tausend Jahren. Sie erkannten die vielen Vorteile der Hügelbeete, die nicht nur darin bestanden, dass durch eine optimale Nutzung der vorhandenen Gartenfläche eine besonders üppige Ernte zu erwarten war. Vielmehr konnte man mit Hilfe der Hügelbeete auch an Orten gärtnern, die ansonsten zum Anbau von Gemüse völlig ungeeignet gewesen wären.

Durch die Anlage eines erhöhten Beetes konnte selbst auf staunassen, verdichteten oder sogar salzigen Böden noch ein Ertrag erwirtschaftet werden. Mit den Beeten erschufen die Gärtner eine Art künstlichen Standort, der sie unabhängig von den natürlichen Standortbedingungen ihrer zur Verfügung stehenden Nutzfläche machte.

Hochbeete im Mittelalter

Aus ganz ähnlichen Gründen schätzte man jede Art von höher gelegten Beeten auch im mittelalterlichen Europa. Vor allem in Burg- und Klostergärten kam das Hochbeet vielfältig zum Einsatz.

Nonnen und Mönche bestückten ihre Küche überwiegend mit Erntegut aus eigenem Anbau. Die in die Höhe gebauten Beete erwärmten sich im Frühjahr besonders schnell, sodass mit einer früheren Ernte zu rechnen war. Inwieweit auch die Bequemlichkeit der Klostergärtnerinnen und -gärtner eine Rolle gespielt hat, die an den höher gelegenen Beeten besonders angenehm und Rücken schonend arbeiten konnten, darüber

Ein reich bestückter Klostergarten in Maria Laach

darf heute nur spekuliert werden. Doch befanden sich die damals sehr beliebten Hochbeete nicht nur in den Gärten von Klöstern und Burgen. Auch in vielen Bauerngärten nutzte man bereits im Mittelalter die vielen Vorteile eines Hochbeetes.

Gerade in Zeiten des Mangels stellten sie eine recht sichere Komponente des Gartenbaus dar. Die Erde im Inneren des Hochbeetes war besonders fruchtbar und bedurfte keiner weiteren Düngung. Grünabfälle konnten arbeitssparend im Inneren des Beetes gesammelt werden. Zerfallsprozesse verwandelten sie in wenigen Monaten in fruchtbare Erde.

Hochbeete sind beliebte Elemente eines Biogartens.

Die dabei entstehende Verrottungswärme wurde ebenfalls gerne genutzt, um besonders frühzeitig in die neue Gartensaison starten zu können. Reisig und andere Holzabfälle für die Außenwände der Beete waren meist vorhanden und so stand einem Siegeszug dieses schmucken Gartenelementes durch alle Gärten vom Mittelalter bis in die heutige Zeit nichts mehr im Wege.

Geschichtliche Entwicklung

Gestoppt werden sollte diese Entwicklung erst mit fortschreitender Industrialisierung, als in einem schleichenden Prozess die Selbstversorgung aus dem eigenen Garten – vor allem in stadtnahen Gebieten – immer mehr an Bedeutung verlor. Die natürlichen Kreisläufe interessierten längst nicht mehr jeden Gärtner. Obst und Gemüse bekam man nun beim Händler. Dekorative Ansprüche verdrängten nach und nach die rein nutzbringenden. Ein Garten sollte überwiegend schön und pflegeleicht sein. Exoten und Ziergehölze bevölkerten mehr und mehr die Hausgärten. Wer noch einen Nutzgarten bestellte, konnte nun auch chemisch düngen. Wozu also mühselig Küchenabfälle sammeln und damit Beete anlegen?

Das erhöhte Gärtnern kommt nun wieder in Mode.

„Zeit ist Geld" wurde für viele zur Devise und ist es vermutlich für viele Menschen auch heute noch.

Wie schön, dass sich irgendwann in der zweiten Hälfte des 20. Jahrhunderts eine Art Gegenbewegung entwickelte, bei der sich immer mehr Menschen auf das besonnen, was unsere Urväter schon über natürliche Anbauweisen und praktisches Gärtnern wussten, sodass nun vielerorts auch dem schönen und nützlichen Hochbeet wieder ein Platz im Garten eingeräumt wurde und wird.

Guter Einstieg für Gartenneulinge

Selbst blutige Anfänger können beim Gärtnern an Hochbeeten nicht viel falsch machen. Sie dürfen daher gleich im ersten Jahr der Nutzung mit einer reichen Ernte rechnen! Der Umgang mit Dünger – für viele Gärtner fast schon eine heilige Wissenschaft und für Laien oft ein Rätsel – kann

Düngen ist hier „out"!

Rote Paprika lieben die Wärme eines Hochbeetes.

bei der Hochbeetgärtnerei ganz außen vor gelassen werden. Durch die reichhaltige Füllung in Form von organischen Substanzen im Inneren des Hochbeetes steht den Pflanzen automatisch immer eine ausreichende Menge an Nährstoffen zur Verfügung. Sie gedeihen aufs Allerbeste und müssen kaum jemals Mangel erleiden. Wird im Winter regelmäßig etwas gemischter Grünabfall nachgefüllt, kann auf dem Beet viele Jahre lang äußerst gewinnbringend gegärtnert werden.

Woran der unerfahrene Hochbeetgärtner lediglich denken muss, ist das regelmäßige Wässern der Pflanzen sowie das gelegentliche Herauszupfen von unerwünschten Wildkräutern.

Wer sich möglichst wenig Arbeit machen will, lässt die Kräuter einfach als dünne Mulchschicht zwischen den Nutzpflanzen liegen. So wird auch weiterer Wildkrautbewuchs unterdrückt. Eine zu rasche Verdunstung von Feuchtigkeit über die Beetoberfläche wird durch diese Maßnahme ebenfalls verhindert.

Üppige Ernten auf kleinstem Raum

Der Ertrag auf einem Hochbeet ist im Vergleich zu einem gewöhnlichen Gartenbeet – bezogen auf die Größe der Anbaufläche – überproportional höher. Die Gründe hierfür liegen zum einen am günstigen Mikroklima des Beetes, zum anderen – und das in der Hauptsache – am überreichlich vorhandenen Nährstoffangebot, das sich aus der Umwandlung von grünen Abfällen in fruchtbaren Humus ergibt.

Ernten wird zum reinen Vergnügen.

Diese Umwandlungsprozesse innerhalb des Beetes laufen über einen langen Zeitraum hinweg ab. Die Wurzeln der Pflanzen werden somit fortwährend mit wertvollstem Substrat für ein optimales Wachstum versorgt. Die Ergiebigkeit von Hochbeeten macht sie auch für kleinere Hausgärten attraktiv. Vor allem junge Familien mit kleinen Kindern schätzen es heute wieder, unbelastetes Obst und Gemüse im eigenen Garten anzubauen. Doch ist nicht immer ausreichend Platz für einen gut bestückten Nutzgarten vorhanden. Das stimmt nur so lange, bis die Idee entsteht, ein oder auch mehrere Hochbeete zu errichten, um dort Gemüse für den Eigenbedarf zu kultivieren. Noch im kleinsten Garten oder sogar auf einem größeren Balkon findet ein Hochbeet Platz! Dort bringt es unermüdlich gesundes Gemüse oder Kräuter hervor und trägt einen nicht unwesentlichen Anteil zu einer gesunden und abwechslungsreichen Ernährung bei.

Das Hochbeet wird geplant

Jedes Bauvorhaben – und das gilt selbstverständlich auch für ein Hochbeet im Garten – benötigt ein gut durchdachtes Konzept, um optimal zu gelingen. Dadurch lässt sich so mancher Ärger beim Bau und später bei der Nutzung des Beetes vermeiden.

Eine gute Planung
muss unbedingt sein.

Alles beginnt mit ersten Überlegungen und Fragen, die man sich stellen und ehrlich beantworten sollte:

- Brauche ich das Hochbeet auch wirklich und ist später genug Zeit vorhanden, mich um die dort angebauten Pflanzen zu kümmern?
- An welcher Stelle soll das Beet errichtet werden?
- Wie groß darf das Beet werden?
- Wer baut das Beet?

Nicht selten lässt man sich beim Blättern in einer schönen Gartenzeitschrift oder bei der Besichtigung eines attraktiv gestalteten Parks oder Gartens derart begeistern, dass sofort der Wunsch entsteht, den eigenen Garten umzugestalten. Man möchte die zuvor gesehenen gestalterischen Elemente allzu gerne auch im eigenen Garten errichten. Dagegen ist natürlich erst einmal auch gar nichts einzuwenden. Allerdings sollte man doch im Vorfeld einige Dinge abklären und sich ganz ehrlich fragen, ob der Pavillon aus Bambusstäben nicht doch das eigene Budget sprengt oder der Wasserfall im Garten überhaupt technisch umsetzbar ist. Etwas einfacher sieht es da bei dem Wunsch nach einem Hochbeet mit Wänden aus Stein, Metall oder Holz aus!

Ideen zu sammeln
ist erlaubt.

Hat man sich in diese neuerdings wieder so beliebte Art zu gärtnern verliebt, stehen selten größere Hindernisse im Weg, um diesen Traum in die Tat umzusetzen. Natürlich sollte man sicherstellen, dass später genug Zeit für die Gartenarbeit vorhanden ist. Ein kleines Beet mit einer Fläche von etwa 1,40 x 0,80 m benötigt allerdings nur wenig Pflege. Während Hitzeperioden im Hochsommer muss das Beet jedoch mindestens einmal täglich gründlich gewässert werden.

Bleibt noch die Frage, ob man sich zutraut, das Beet in Eigenregie aufzubauen, oder ob andere Familienmitglieder, Freunde oder Bekannte für diese Aufgabe ins Auge gefasst werden können. Ist schließlich geklärt, ob der Bedarf für ein Hochbeet tatsächlich besteht und stehen ein oder mehrere Bauherren für ein solches Vorhaben fest, geht es in die nächste Planungsrunde.

Wer hilft beim Hochbeetbau?

Der Standort

Direkt vor Ort, also bei einem Rundgang durch den Garten, werden Größe und Wunschstandort des Beetes festgelegt. Nun gilt es, diesen Ort auf seine Eignung in Bezug auf die Errichtung eines Hochbeetes zu überprüfen.

Wo ist der perfekte Ort für ein Hochbeet?

Folgende Fragen sollten unbedingt geklärt werden:

- Wie sind die Lichtverhältnisse am gewünschten Standort?
- Ist der Boden gut verfestigt oder erst frisch aufgeschüttet worden?
- Sind dicke Wurzeln von größeren Bäumen vorhanden?
- Wächst hier hartnäckiges Unkraut, wie Giersch oder Ackerwinde?
- Ist der Boden gut durchlässig oder existieren wasserundurchlässige Schichten, wie Beton oder Lehm?

Es hängt vor allem von den auf einem Hochbeet kultivierten Pflanzen ab, wie hoch die **Anzahl der Sonnenstunden** pro Tag sein muss, damit ein optimales Gedeihen gewährleistet ist. Gemüse liebt vollsonnige Standorte, ebenso die meisten Sommerblumen. Doch wäre selbst ein Schattenhochbeet mit Farnen, Funkien und Walderdbeeren denkbar.

Pflanzengerechte Ausrichtung zur Sonne

An einen Hügel gelehnte Hochbeete und erhöhte Frühbeete, die man im zeitigen Frühjahr mit Scheiben abdeckt, um dort Jungpflanzen heranzuziehen, sollten mit ihrer Längsseite jeweils in eine südliche Richtung weisen (Süd, Südost oder Südwest).

Ein fester und ebener Untergrund

Sobald ein möglicher Standort fest ins Auge gefasst wurde, wird die Fläche einer gründlichen Prüfung unterzogen. In neu angelegten Gärten, in denen nicht selten frischer Mutterboden angeschüttet wurde, muss der Untergrund erst einmal verdichtet werden, bevor ein Hochbeet dort einen sicheren Standort erhält. Um sich diese Arbeit zu erleichtern, kann „schweres Gerät" aus einem Baumarkt entliehen werden: Mit einem Rüttelstampfer verfestigt man allzu lockere Böden und bereitet sie in dieser Weise als optimalen Untergrund für ein Hochbeet vor.

Ein ausreichend fester Untergrund für das Beet

Vorsicht!

Der Untergrund des Hochbeetes sollte zwar Standfestigkeit bieten, jedoch gleichzeitig immer noch ausreichend durchlässig sein. Beim Verfestigen der Grundfläche mit einem Rüttelstampfer also bitte nicht übertreiben!

Verfestigen per Hand

Möchte man den Untergrund manuell verfestigen, kann dafür eigens ein Handstampfer gestaltet werden. Hierzu wird eine angerührte Zementmischung in eine flache Kiste gefüllt.

Der manuelle Handstampfer
wird in Eigenregie hergestellt.

Während des Aushärtens wird eine runde Stange oder ein Holzstiel vertikal in die Mischung hineingestellt. Dieser Stiel dient später als Griff für die Betonplatte, um sie damit anheben zu können.

Zum Verfestigen von lockerem Unterboden wird die erhärtete Betonplatte später mit Hilfe des darin einbetonierten Stiels angehoben und wiederholt auf die zu verfestigende Fläche fallen gelassen. Das hört sich nicht nur nach Schwerstarbeit an, sondern ist es tatsächlich auch!

Wichtig!

Ein gewachsener Boden muss nicht mehr verdichtet werden! Diese Maßnahme ist nur nötig, wenn Erdreich erst vor Kurzem neu angeschüttet wurde!

Wurzeln als Hindernis

Sehr dicke Wurzeln von altem Baumbestand stellen ein ernsthaftes Problem dar.

Sind diese allzu mächtig und ist eine Entfernung nicht möglich, ohne die Gesundheit des Baumes zu gefährden, kann es in diesem Fall tatsächlich sinnvoll sein, für das Hochbeet einen anderen Standort in Erwägung zu ziehen. Kommt kein anderer Standort in Frage, könnte an der vorgesehenen Fläche notfalls Erdreich neu angeschüttet werden, bis hier ein ebener Untergrund entsteht. Der Boden sollte gut verfestigt werden, bevor auf ihm ein Hochbeet errichtet werden kann.

Nach alternativen
Standorten suchen.

Hochbeete, deren Fundamente teilweise tief ins Erdreich hineinreichen, kommen in diesem Fall nicht in Frage. Doch findet sich mit Sicherheit ein Beet für jeden Standort, denn gerade ihre Vielseitigkeit macht sie so beliebt!

Die beliebtesten Hochbeete – Welches Material soll für die Seitenwände verwendet werden?

Hochbeete gibt es in vielen verschiedenen Größen und Formen. Kreativität ist bei der Umsetzung des Wunsches nach einer erhöhten Pflanzfläche im Garten durchaus gewünscht.

Beete für jeden Geschmack

Der persönliche Geschmack spielt bei der Entscheidung, wie das Hochbeet aussehen soll, eine ebenso große Rolle wie der zur Verfügung stehende Platz, die Höhe der Kosten sowie etwaige Ansprüche an die Bepflanzung oder auch die Funktion des Beetes.

Rechteckig aus Holz – der Klassiker unter den Hochbeeten (Bauanleitungen ab S. 32)

Nach wie vor sehr beliebt sind aus Holz gebaute Hochbeete in einer rechteckigen Form, deren Breite meist zwischen 70 und 100 cm schwankt und deren Länge im Schnitt 1,20 bis 2 m beträgt.

An Holzarten, egal ob man sich für Rundholz, Bohlen oder Bretter entscheidet, eignen sich auf Grund ihrer beständigen Eigenschaften vor allem Douglasie, Eiche, Robinie, Bangkirai oder Lärche. Ein Hochbeet aus naturbelassenen Hölzern macht optisch vor allem im klassischen Bauerngarten etwas her, passt allerdings zu beinahe jedem Bau- oder Gartenstil.

Kleidet man die Innenseite des Beetes mit einer stabilen Folie aus, hält das Beet viele Jahre lang. Teichfolie kann hier ebenso zum Einsatz kommen wie jede andere haltbare und strapazierfähige Folie beziehungsweise jedes gegen Verrottung beständige Vlies.

Auch kesseldruckimprägniertes Holz kann für den Bau eines Hochbeetes verwendet werden, wenn gewährleistet wird, dass die Hölzer nicht mit dem Substrat im Inneren des Beetes in Berührung kommen.

Holz in seiner natürlichen Schönheit passt immer.

Eine runde Sache – Hochbeete aus Stein (Bauanleitungen ab S. 47)

Zeitlos schön sind Hochbeete aus Stein. Sie können wie eine Trockenmauer, also ohne die Verwendung von Mörtel, aufgeschichtet beziehungsweise aus Palisaden auch nur aufgestellt werden oder gemauert sein.

Der angehende Hochbeetgärtner hat die Qual der Wahl und kann aus einem reichen Angebot wählen: Naturbruchsteine, Ziegelsteine, Klinker, Pflastersteine und viele andere Steinarten kommen für ein steinernes Hochbeetprojekt in Frage, der absolute Favorit sind dabei runde Formen. Rund, oval oder einer Schlange gleich, für jede beliebige Form findet sich ein passender Stein.

Soll das Beet unter Verwendung von Mörtel gemauert werden, sind gleichmäßig geformte Steine den unregelmäßig geformten generell vorzuziehen, da sie sich einfacher zu einer senkrechten Hochbeetwand verarbeiten lassen.

Natürlich geformte Bruchsteine aus einem Steinbruch dagegen eignen sich eher für die „trockene" Variante des Hochbeetes, bei der die Steine lose, also ohne die Verwendung von Mörtel, aufeinandergeschichtet werden. Trockenmauern sollten immer eine leichte Neigung (= Anlauf) besitzen, um den Erddruck, der auf sie einwirkt, leichter abfangen zu können.

Hochbeete aus Stein gehören zu den dauerhaftesten ihrer Art.

Stein passt sich dem Gelände an.

Endlose Haltbarkeit

Als grobe Regel gilt, dass die Langlebigkeit eines Hochbeetes davon abhängt, in welchem Maße seine Außenwände formbeständig, bruchfest und witterungsbeständig sind.

Was die Haltbarkeit des Beetes betrifft, wären hier vor allem Seitenwände zu nennen, die unter Verwendung von Mörtel gemauert wurden. Dass es viele weitere Möglichkeiten gibt, nicht nur schöne, sondern auch beständige Hochbeete im Garten zu errichten, zeigen die Bauanleitungen ab Seite 47.

Entscheidend ist die Stabilität der Seitenwände.

Zwei, die sich mögen – Pflanze und Stein

In der Nachbarschaft von Steinen gedeihen Pflanzen häufig auffallend gut.

Steine speichern die Wärme des Tages, um sie nachts wieder an ihre Umgebung abzugeben, sie beschatten und schützen ihren Liegeplatz, sodass Wurzeln vor Austrocknung geschützt werden. Je nach Größe beanspruchen Steine mehr oder weniger Platz und halten dementsprechend auch den Boden frei von übermäßigem Bewuchs, sodass die Pflanzen in ihrer unmittelbaren Nachbarschaft mehr Licht erhalten. Das Mikroklima in der Nähe eines Steines behagt den meisten Pflanzen. Tau, der sich auf den Steinen gebildet hat, versickert im Boden und kommt daher ebenfalls den hier wachsenden Pflanzen zugute. Will man seinen Pflanzen etwas Gutes tun, so dürfen sie in keinem Garten fehlen und es bieten sich unzählige Einsatzmöglichkeiten.

Steine für ein gutes Mikroklima

Das steinerne Hochbeet ist nur eine davon. Allerdings handelt es sich dabei um eine ebenso dekorative wie auch nützliche Möglichkeit, den Garten mit Steinen zu gestalten und ihn damit auch strukturell zu bereichern.

Nicht kleckern, sondern klotzen – das Hochbeet aus Beton

Betonplatten können natürlich ebenso eine stabile Hochbeetwand ergeben wie auch Betonformsteine aller Arten.

Große schwere Steine legt man trocken übereinander, kleinere werden mit Mörtel zu einer soliden Wand gemauert. Hohe Gehwegplatten aus Beton werden aufrecht in ein Bett aus Trockenmörtel gestellt. Sogar Teile von aus Fertigbeton hergestellten Schachtrohren können als Hochbeet dienen und haben eine praktisch unbegrenzte Lebensdauer.

Von Fertigbeton bis Reisig: Alles ist möglich!

Weiden oder Reisig wie in alten Zeiten
(Bauanleitungen ab S. 54)

In alten Bauern- oder Klostergärten wurden früher Holzpfosten mit Reisig oder Weidenruten zum Aufbau einfacher Hochbeete kombiniert. Die Pfosten dienten hierbei als äußere Begrenzung und zum Festhalten des biegsamen Flechtmaterials. In das Innere der fertigen Beete wurden Grünabfälle und Gartenerde gefüllt und schon konnte das Gärtnern auf erhöhtem Niveau beginnen.

Diese einfache und dabei naturbelassene Bauweise eines Hochbeetes fügt sich vor allem in jede Art von Bio- oder Naturgarten sehr harmonisch ein.

Naturbelassene Bauweise

Exotisches Material für Hochbeete

Selbstverständlich kann jedes andere geeignete Material zu einem Hochbeet verbaut werden, selbst Blech- oder Plastikteile können sich in Seitenwände für ein hochgelegtes Gartenbeet verwandeln.

Für den Bau eines Hochbeetes oder irgendeines anderen Bauprojektes im Garten ungeeignet sind lediglich Rohstoffe, die Gifte an ihre Umgebung abgeben können, wie es etwa bei alten gewellten, asbesthaltigen Eternitplatten oder ausgedienten Eisenbahnschwellen der Fall ist.

Kein Gift im Hochbeetbau verwenden!

Gut vorstellbar sind dagegen Hochbeete aus alten Autoreifen oder Segmenten von Schachtrohren aus Beton.

Natürlich darf auch eine Kombination verschiedener Materialien, wie etwa Stein, Holz und Metall, zum Einsatz kommen und den fantasievollen Rahmen für ein Hochbeet ergeben. Die Auswahl des Materials bleibt dem Geschmack und der Fantasie des Bauherrn überlassen. Die Schönheit und Ausstrahlungskraft eines selbst gebauten Hochbeetes besteht unter anderem auch darin, dass sich das Beet durch die Auswahl des verwendeten Materials harmonisch in das gestalterische Gesamtkonzept des Gartens integrieren lässt.

Wühlmäusen und lästigem Unkraut vorbeugen

Sollte der Boden mit einem oder gar mehreren der unten aufgelisteten Wurzelunkräuter durchzogen sein, hilft ein gutes und beständiges Unkrautvlies, das großzügig auf der gesamten Grundfläche des späteren Hochbeetes und noch mindestens 20 cm darüber hinaus auf dem Boden ausgelegt wird. Spezielles Unkrautvlies ist zwar für Wasser und Nährstoffe durchlässig, Wurzeln können das Gewebe jedoch nicht durchdringen. Es verspricht immerhin einige Jahre der Unkrautfreiheit im Inneren des Beetes. Ein vollständiges Entfernen aller vorhandenen Wurzeln ist dagegen ein recht aussichtsloses Unternehmen.

Vlies wird auf der zuvor gejäteten Fläche verlegt.

Wichtig!

Auch beim Befüllen des Beetes unbedingt auf (wurzel-) unkrautfreies Material achten!

Wurzelunkräuter

Giersch	Ackerwinde, Zaunwinde
Quecke	Ackerschachtelhalm
Kriechender Hahnenfuß	Löwenzahn
Zaunrübe	Große Brennnessel
Einige Distelarten	Minzearten

„Unkraut ist alles, was nach dem Jäten wieder wächst."
Mark Twain (amerikanischer Schriftsteller, 1835–1910)

Wühlmäuse

Quecke (oben links)
Schachtelhalm (oben
rechts)
Zaunwinde (unten)

Um lästige Nager, wie Wühlmäuse, von vornherein aus dem Hochbeet fernzuhalten, ist das Verlegen von **Kaninchendraht** sinnvoll.

Zunächst wird Draht auf der gesamten für das Hochbeet vorgesehenen Fläche und noch etwa 20 cm darüber hinaus verlegt und mit einer dünnen Schicht Sand oder Split abgedeckt. Darüber wird nach Bedarf ein Unkrautvlies gelegt, ebenfalls mit etwas Sand, Split oder Erde bedeckt und darauf mit dem Aufbau des Hochbeetes begonnen.

Lochziegel als Alternative zu Draht

Alternativ zu Kaninchen- oder Kükendraht können auch Lochziegel ausgelegt werden, um unerwünschte Nagetiere daran zu hindern, von unten her in das Hochbeet zu gelangen. Das Verlegen der Ziegelsteine ist einfach.

Lochziegel sind ein
perfekter Untergrund.

Eng aneinander werden sie auf den Boden des Hochbeetes gelegt. Die Löcher schauen dabei nach oben. Es dürfen dabei keine größeren Lücken zwischen den Ziegelsteinen entstehen, was natürlich bei runden oder ovalen Hochbeeten nicht ganz einfach zu bewerkstelligen ist. Hier kombiniert man am besten Ziegel mit Draht, damit der gesamte Beetuntergrund hermetisch gegen lästige Nagetiere abgeriegelt werden kann.

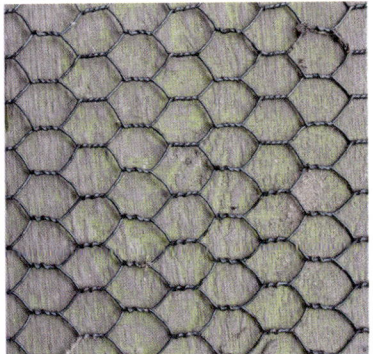

Kaninchendraht (links)
Lochziegel (rechts)

Zunächst wird eine Lage Draht am äußeren Rand der runden Beetfläche ausgelegt, dann werden die Ziegel von innen nach außen in einem Rechteck angeordnet. In quadratischen Hochbeetkonstruktionen sind gelochte Ziegel wesentlich einfacher als Nagerschutz anzuwenden und sind daher der ideale Untergrund! Ungebetene Gäste, wie Wühlmäuse und andere Nagetiere, werden ausgesperrt, Wasser kann jedoch mühelos durch die Löcher im Stein ablaufen.

Damit erfüllen die Ziegelsteine zugleich auch die **Funktion einer Drainage** und verhindern, dass Staunässe auf dem Grund des Beetes entstehen kann. Eine gute Durchlüftung fördert außerdem eine reibungslose Rotte des Füllmaterials.

Idealmaße für ein Hochbeet

Damit ein Hochbeet für alle daran arbeitenden Personen gut erreichbar ist, haben sich **Breiten von 70 bis maximal 140 cm** bewährt, je nachdem, ob man von allen Seiten an das Beet herantreten kann oder ob es nur von einer Seite aus bearbeitet werden soll, wie es bei Beeten, die an der Grundstücksgrenze stehen, der Fall sein wird.

Ein Hochbeet sollte nicht zu breit sein.

Die Höhe eines Hochbeetes sollte individuell an den Gärtner angepasst werden. **Höhen von 70 bis 90 cm** sind je nach Größe der gärtnernden Personen für Rücken schonendes Gärtnern optimal.

Beete für **Kindergartenkinder** dürfen je nach Größe der Kinder auch schon ab einer Höhe von etwa 40 cm beginnen.

Sollen **Rollstuhlfahrer** oder **ältere Personen** im Sitzen an einem Hochbeet arbeiten, erhalten die Beete eine **Höhe von etwa 70 bis 75 cm**. Da dies jedoch auch von der Größe der arbeitenden Person abhängig ist, sollte die Idealhöhe zuvor ausprobiert werden, damit später ermüdungsfreies Arbeiten möglich ist.

Die Höhe bestimmt der Gärtner selbst.

Gärtnern mehrere Personen an einem Beet, richtet man sich nach der Größe der kleinsten Person oder entscheidet sich für eine **mittlere Höhe**

von etwa 75 bis 80 cm. Kleinere Kinder können sehr bequem auch an höheren Beeten mitarbeiten, wenn sie dabei auf einem Fußbänkchen stehen!

Was die **Länge eines Hochbeetes** betrifft, sind hier keine engen Grenzen gesetzt.

Für Hochbeete gilt:
Je länger, je lieber!

Ein Hochbeet könnte theoretisch durch den ganzen Garten verlaufen oder ein Grundstück komplett einfrieden.

Für den Anfang reicht den meisten Gärtnern jedoch ein einzelnes Beet, das eine durchschnittliche Länge von etwa 1,20 bis 1,80 m oder – bei runden Beeten – einen Durchmesser von etwa 1 m aufweist.

Hat man die Vorzüge eines Hochbeetes erst einmal genossen, gesellen sich schnell weitere Beete hinzu. Meist lassen sich diese problemlos in das Gesamtkonzept des Gartens integrieren. Für ein Hochbeet findet sich in jedem Garten noch ein Platz!

Tägliches Gießen gehört an heißen Tagen zum Pflichtprogramm.

Bauanleitungen

Ganz einfach – der Kasten aus rohen Hölzern

Das Hochbeet für den gehobenen Anspruch – einfache Ausführung

Klassisch schön – ein Hochbeet, aus natürlichen Hölzern gezimmert

Für den Bau von Hochbeeten außerordentlich beliebt ist der Werkstoff Holz.

Er wirkt immer lebendig und fügt sich in jeden Garten harmonisch ein. Attraktive Maserungen sowie warme Brauntöne bilden einen natürlichen Kontrast zum üppigen Grün der Pflanzen. Bretter, Dielen oder Bohlen bietet der Fachhandel in verschiedenen Stärken und Längen sowie unterschiedlichen Qualitäten an. Der Preis richtet sich häufig nach Holzart und Verarbeitung.

Dennoch darf ganz allgemein behauptet werden, dass Holz, im Vergleich zu vielen anderen Werkstoffen, relativ preisgünstig und dabei leicht zu verarbeiten ist.

Um Hölzer miteinander zu verbinden, werden Nägel, Schrauben sowie gegebenenfalls auch Winkel oder Leisten aus Metall verwendet. Auch hier hält der Handel ein breites Angebot bereit und macht uns die Entscheidung schwer, welches Zubehör wir zum Bau des Hochbeetes schließlich auswählen.

Die hier vorgestellten Bauweisen für Hochbeete aus Holz stellen daher auch nur einige von vielen verschiedenen Möglichkeiten dar, ein „holziges" Hochbeetprojekt zu realisieren.

Ganz einfach – der Kasten aus rohen Hölzern

Größe: 1,60 x 1,10 m
Höhe: variabel zwischen 70 und 80 cm

Material

- 4 Holzpfosten aus Hartholz, wie etwa Eiche, in einer Länge von 1,20 m, an einer Seite angespitzt
- je nach Breite etwa 12 „unbesäumte" Bretter (= Klotzbretter), die seitlich nicht gesägt sind und noch Rinde aufweisen, je zur Hälfte in einer Länge von etwa 1,10 und 1,60 m
- 1 Großpackung geriffelte Dachlatten-nägel, die Länge der Nägel ist abhängig von der Brettstärke und sollte mindestens 3 cm länger sein als die Bretter dick sind

Kosten

Klotzbretter sind besonders günstig ab Säge-werk zu beziehen, die Pfosten gibt es in jedem Baumarkt oder beim Baustoffhändler. Hier sind die Preise recht unterschiedlich. Vergleichen lohnt sich also!

Bauweise

Einfache Bretter werden mit Nägeln von außen an zuvor gesetzte Holzpfosten genagelt.

Benötigtes Werkzeug

- Zimmermannshammer
- Vorschlaghammer
- Säge

Anzahl der Personen

2 Personen

Ausführung

Die Holzpfosten werden an den vier Ecken der zuvor exakt rechteckig vermessenen Hoch-

„Rohe" Hölzer gibt es günstig „ab Werk".

beetfläche zu einem Drittel ihrer Länge senkrecht in den Boden geschlagen.

Hierzu wird ein Vorschlaghammer verwendet, der jedoch niemals auf dem Pfosten direkt aufgesetzt wird. Als Schlagschutz dient eine Haube aus Metall, die über das Pfostenende gestülpt wird, oder man verwendet ein kleines, aber stabiles Brett, welches als Puffer auf den Pfosten gelegt wird.

Es folgt die Befestigung der Bretter an den vier Eckpfosten mit Hilfe von Nägeln von der Außenseite. Dafür wird nun Brett für Brett, von unten beginnend, an den Pfosten festgenagelt. Eine Person hält das Brett in seiner waagerechten Position, die zweite Person befestigt es mit Hammer und Nagel.

Es hat sich bewährt, die Nägel schon vor dem endgültigen Befestigen in die am Boden liegenden Bretter zu schlagen, bis die Nagel-spitze auf der Rückseite erscheint. Das hat den Vorteil, dass weniger Schlagenergie auf den Pfosten trifft und somit verhindert wird, diesen zu lockern oder aus seiner senkrechten Position zu verschieben. Sobald alle Bretter befestigt worden sind und aus ihnen ein solider Holzkasten entstanden ist, kann dieser mit organischem Innenleben gefüllt werden.

Hochbeeteinfassung aus gefräßtem Rundholz.

Auch einfache Holzkästen haben ihren Reiz.

Schicht für Schicht zum fertigen Hochbeet

Für viele beginnt nun der schönste Teil des Hochbeetbaus, wenn es darum geht, den Kasten aus Holz mit fruchtbarem Innenleben zu füllen.

Alles, was an grünen Abfällen im Garten anfällt – wie Laub, Gehölzschnitt, Tiereinstreu, Grasschnitt und vieles mehr –, wandert nun ins Hochbeet. Rasch wird zunächst gröberes Material, wozu dickere Äste, Steinreste oder sogar kleinere Baumstümpfe gehören können, eingefüllt, um mit der zweiten Schicht, bestehend aus kleineren Ästen, Rückschnitt von Stauden und anderen Gartenpflanzen sowie gehäckseltem Gehölzschnitt, fortzufahren.

Wird zwischen jede neue Schicht ein wenig halbgarer oder auch schon reifer Kompost eingestreut, fördert dies eine schnellere Rotte des Füllmaterials! Außerdem verschließen die feiner strukturierten Inhaltsstoffe automatisch Lücken und Hohlräume zwischen den gröberen Substanzen der unteren Schichten.

Jede einzelne Schicht wird immer gut festgedrückt!

Der optimale Zeitpunkt zum Füllen des Beetes ist der Spätherbst. Zum einen ist nun besonders viel Füllmaterial vorhanden, wozu auch zusammengeharktes Laub und Fallobst gehören dürfen, zum anderen wird das Beet im Laufe der folgenden Monate noch sehr stark in sich zusammenfallen.

Bis zum Frühjahr hat sich die eingefüllte Masse durch die permanent ablaufenden Verrottungsprozesse vermutlich schon sehr stark verkleinert. Gleichzeitig kann während der Wintermonate immer wieder Material nachgefüllt werden. Das hat den Vorteil, dass mit einem weiteren massiven Absinken der Beetoberfläche nun nicht mehr zu rechnen ist und daher ein wesentlich formstabileres Beet entsteht, als wenn die Füllung in Form von verrottbaren Substanzen erst im Frühjahr, also kurz vor Beginn der Gartensaison, eingebracht werden würde. Ausreichend Feuchtigkeit beschleunigt die Umwandlung in wertvolle Erde.

Bevor dann endlich mit dem Hochbeetanbau begonnen werden kann, wird das Beet bis zum Rand mit guter Pflanzerde aufgefüllt. Diese Erdschicht sollte mindestens 15 cm betragen.

Variante Hochbeet mit Rundhölzern

Rustikales Flair verströmt ein Hochbeet, welches aus Rundhölzern zusammengesetzt wurde.

Die auf Maß geschnittenen Hölzer werden – gleich wie die rohen Bretter – von außen an vier Eckpfosten genagelt oder geschraubt. Je nach Länge des Beetes werden auf der Längsseite weitere Pfosten eingesetzt.

Das Hochbeet für den gehobenen Anspruch – einfache Ausführung

Größe

Das schmale Beet hat die Außenmaße 1,40 x 0,80 m. Es kann auch am Rand des Grundstücks stehen, da es – auf Grund seiner geringen Tiefe – allein von einer Längsseite aus bearbeitet werden kann.

Höhe

76 cm – auf Grund der geringeren Höhe können auch größere Kinder mit am Beet arbeiten.

Material

- 3 Säcke Fertigbeton-Estrich
- 4 feuerverzinkte L-Pfostenträger
- 8 schmale Holzlatten zum Ausrichten der Pfostenträger (ca. 50 cm Länge, etwa 2 cm breit)
- 10 Dielen aus unbehandelter Douglasie, 145 x 28 mm, geriffelt in einer Länge von 1,26 m
- 10 Dielen aus unbehandelter Douglasie, 145 x 28 mm, geriffelt in einer Länge von 66 cm
- 2 Dielen aus unbehandelter Douglasie, 72,5 x 28 mm, geriffelt in einer Länge von 66 cm
- 2 Dielen aus unbehandelter Douglasie, 72,5 x 28 mm, geriffelt in einer Länge von 1,26 m
- 4 Pfosten, 70 x 70 mm, in einer Länge von 72 cm
- 20 Eck-Zaunverbinder
- etwa 80 rostfreie Schrauben in der Größe 6/30 mm
- Folie (oder Vlies) in einer Länge von 4,20 m (Breite: etwa 85 cm)
- Nach Bedarf Unkrautvlies gegen hartnäckige Wurzelunkräuter
- 1 Liter Holzöl auf der Basis von natürlichen Ölen, frei von Giftstoffen
- etwa 150 kg Quarzkies in der Größe 16 bis 32 mm

Kosten

Für dieses Beet gilt, dass Preise für Dielen aus unbehandelter Douglasie verglichen werden sollten, bis man einen günstigen Anbieter gefunden hat. Selbstverständlich können auch andere Holzarten für das Beet gewählt werden. Douglasie eignet sich in besonderer Weise, da hier Härte und eine hohe Haltbarkeit mit Schönheit und einem günstigen Anschaffungspreis zusammentreffen. An heimischen Holzarten wäre vor allem Lärchenholz zu nennen, welches eine hohe Beständigkeit gerade bei der Verwendung im Außenbereich aufweist.

Entscheidend für die Auswahl eines Händlers kann unter Umständen auch dessen Service sein, die Dielen gleich maßgerecht auf Länge zu schneiden, um sowohl Arbeit als auch Kosten zu sparen. In vielen Baumärkten, aber auch bei einigen Holz verarbeitenden Betrieben wird vor Ort erworbenes Holz auf Wunsch recht preisgünstig oder sogar kostenlos und millimetergenau zugeschnitten.

Bauweise

Auf vier Punktfundamenten wird eine rechteckige Holzkonstruktion aufgesetzt.

Die in den Beton eingelassenen L-Pfostenträger dienen hierbei zur Befestigung der vier Eckpfosten. An diese Pfosten werden, von unten beginnend, die Dielen mit Hilfe von Eck-Zaunverbindern aus Stahl angeschraubt.

Die Verwendung von Zaunverbindern aus Metall entpuppt sich als besonders einfache

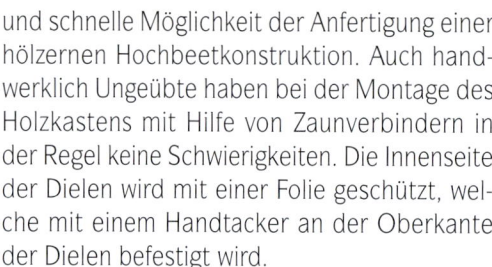

Zaunverbinder

L-Pfostenträger

und schnelle Möglichkeit der Anfertigung einer hölzernen Hochbeetkonstruktion. Auch handwerklich Ungeübte haben bei der Montage des Holzkastens mit Hilfe von Zaunverbindern in der Regel keine Schwierigkeiten. Die Innenseite der Dielen wird mit einer Folie geschützt, welche mit einem Handtacker an der Oberkante der Dielen befestigt wird.

Zum Abschluss wird eine Art Handlauf beziehungsweise Zierleiste angebracht, welche auch den oberen Rand der Folienauskleidung verdeckt.

Auf Wunsch kann diese Abschlussleiste an einer oder beiden Schmalseiten des Beetes in einer größeren Breite angebracht werden. Dieses Brett kann als Extra-Ablagefläche für Blumentöpfe, Werkzeug etc. genutzt werden. Katzen erhalten dort ebenfalls ein erhöhtes Plätzchen, das gerne als Beobachtungsposten oder als Ruheplatz genutzt wird.

Benötigtes Werkzeug
- Bohrmaschine
- Akku-Schrauber
- Spaten
- Säge
- Schubkarre oder Mörteleimer
- Wasserwaage
- Handtacker

Anzahl der Personen
1 bis 2 Personen

Ausführung
Punktfundamente
Der 1,40 m x 80 cm große Grundriss für das geplante Hochbeet wird zunächst auf dem Boden vermessen, die Eckpunkte werden markiert.

Damit das Beet auch exakt im rechten Winkel gebaut werden kann, werden zusätzlich zu den Außenlinien auch die Diagonalen vermessen und miteinander verglichen. Ihre Länge sollte etwa gleich sein, damit die Rechtwinkeligkeit der Holzkonstruktion gewährleistet ist.

An den vier Eckpunkten wird ein jeweils 30 x 30 cm breites und 40 cm tiefes Loch gegraben **(Abb. 1)**.

In diese Ausschachtungen hinein wird der nach Anleitung angerührte Fertigbeton-Estrich eingefüllt.

Anschließend werden die L-Pfostenträger mit ihrem Anker genau in die Mitte dieser Betonfüllungen hineingesteckt. Eine auf dem Papier angefertigte Skizze kann dabei helfen, die exakten Abstände der Pfostenträger zu ermitteln.

Bei einem 1,40 x 0,80 m großen Beet muss beispielsweise auf jeder Beetseite die Breite des Eckpfostens (7 cm) subtrahiert werden, sodass die Pfostenträger in einem Abstand von 133 cm auf der langen Seite sowie 73 cm auf der schmalen Seite eingesetzt werden sollten. Gemessen wird jeweils vom Mittelpunkt des Pfostenträgers aus, also von seinem auf der Unterseite befindlichen Anker.

Bei dieser Berechnung geht man davon aus, dass sich der Ankerstab des Pfostenträgers genau unter der Mitte des eingesetzten Eckpfostens befindet. Anderenfalls ist dies bei der Berechnung der Abstände zu berücksichtigen (siehe auch Wichtig!-Box auf S. 37).

Damit die Pfostenträger nicht im weichen Beton versinken, kommen nun die kleinen Hilfs-

latten aus Holz zum Einsatz **(Abb. 2)**. Während des Aushärtens werden sie beidseitig unter den Pfostenträger und mit ihren Enden über die mit Estrich gefüllte Grube gelegt, um den Pfostenträger in seiner endgültigen Position im noch weichen Beton zu fixieren.

Der senkrecht nach oben ragende lange L-Schenkel des Pfostenträgers befindet sich später auf der Innenseite des Beetes! So bleibt der Pfostenträger, wenn man das fertige Hoch-

Wichtig!

Es hat sich bewährt, die Dielen erst auf die passenden Längen zuzuschneiden, nachdem die vier Eckpfosten an den Pfostenträgern angeschraubt und ausgerichtet wurden! Erst dann können die Abstände zwischen den Eckpfosten exakt ermittelt werden. Sollte man die Pfostenträger zuvor nicht millimetergenau, wie vorgegeben, einbetoniert haben, so könnte dies korrigiert werden, indem die Länge der Dielen daran angepasst wird. Wichtig ist der tatsächliche Abstand zwischen den Eckpfosten und nicht der Abstand, der zuvor auf dem Papier geplant wurde!

diese Weise können unter Umständen auch minimale Unebenheiten des Geländes ausgeglichen werden.

Wichtig!

Sobald der Beton beginnt abzubinden, was – abhängig von der Außentemperatur – etwa nach 30 bis 40 Minuten der Fall sein wird und daran zu erkennen ist, dass die Betonmasse eine deutlich festere Konsistenz annimmt, darf die Position des L-Pfostenträgers nicht mehr verändert werden!

beet von außen betrachtet, praktisch unsichtbar.

Die Eckpfosten werden später von außen auf die Pfostenträger aufgesetzt und an der langen L-Seite von der Innenseite des Beetes aus angeschraubt. Zwischen Erdboden und Pfosten beziehungsweise der Unterseite des Pfostenträgers bleibt ein Abstand von wenigen Zentimetern bestehen, sodass später die gesamte Hochbeetkonstruktion scheinbar über dem Erdboden schwebt und die Dielen optimal vor Bodenkontakt und damit vor Verwitterung geschützt sind.

Die L-Winkel müssen zueinander exakt rechtwinkelig ausgerichtet sein. Sie verlaufen außerdem auf einer waagerechten Ebene zueinander. Dies sollte mit einer Wasserwaage überprüft werden und kann im weichen Beton durch Höher- oder Tiefersetzen der Pfostenträger noch leicht korrigiert werden **(Abb. 3)**. Auf

Der Rahmen wird gesetzt

Je nach Wetterlage sind die Fertigbetonfundamente in 3 bis 5 Tagen vollständig ausgehärtet. Erst dann kann mit dem Bau der Holzkonstruktion für das Hochbeet begonnen werden. Nach Bedarf kann zu diesem Zeitpunkt auch ein spezielles Unkrautvlies auf der gesamten Grundfläche des Beetes verlegt werden **(Abb. 4)**. Diese Maßnahme wird lästiges Wurzelunkraut davon abhalten, von unten her ins Innere des Beetes hineinzuwachsen.

Die zuvor verwendeten Hilfslatten werden nun entfernt und die vier Pfosten anschließend von außen auf die L-Träger aufgesetzt. Durch die vorgegebenen Befestigungspunkte des Pfostenträgers hindurch werden die Eckpfeiler zunächst nur mit einer Schraube in der Mitte festgeschraubt. So können die Pfosten zur exakten Ausrichtung noch in zwei Richtungen bewegt werden.

Mit einer Wasserwaage wird überprüft, ob alle vier Pfosten auch tatsächlich eine exakt senkrechte Position einnehmen. Ist dies der Fall, können die beiden restlichen Schrauben zur endgültigen Befestigung der Pfosten angebracht werden **(Abb. 5)**.

Nun können auch die genauen Abstände zwischen den Pfosten gemessen und die Dielen dementsprechend millimetergenau zugeschnitten werden. Es ist in jedem Fall sinnvoll, wenn die verwendeten L-Pfostenträger deutlich schmäler sind als die Pfosten, die auf ihnen aufgesetzt werden. Dies wird deutlich, sobald die beiden untersten Dielen der schmalen Beetseiten an den Pfosten angeschraubt werden sollen.

Ein zu breiter Pfostenträger würde hier im Weg sein, wenn es darum geht, diese erste Diele exakt und bündig an den Pfosten mit Hilfe eines Zaunverbinders anschrauben zu können.

Konnte man allerdings keinen ausreichend schmalen Pfostenträger erhalten, so kann dieses Problem leicht behoben werden, indem eine entsprechende Aussparung von wenigen Millimetern Breite aus der Diele herausgesägt

wird, welche es nun erlaubt, die zwei unteren Dielenbretter passend an die Pfosten anzuschrauben **(Abb. 6)**.

Anstatt eines sehr schmalen L-Pfostenträgers könnte auch ein sehr breiter Eckpfosten verwendet werden, damit beim bündigen Anschrauben der unteren Dielenbretter keinerlei Anpassungsprobleme auftauchen.

Mit Hilfe der Zaunverbinder werden die Dielen nun von der Innenseite her zwischen den Pfosten angebracht. Die waagerechte Lage der untersten Dielen wird mit einer Wasserwaage geprüft, dann sollten die darüberliegenden Dielen automatisch ebenfalls waagerecht ausgerichtet sein **(Abb. 7 und 8)**.

Eine minimale Distanz zwischen den Holzdielen ist von Vorteil, da sich Holz als natürlicher Werkstoff je nach Witterung ausdehnt oder wieder zusammenzieht (Schwundmaß). Als Abstandshalter können hier zwei Unterleg-

scheiben dienen, die während der Montage der Dielenbretter einfach auf die untere bereits befestigte Diele gelegt werden. Diese 2 bis 3 mm dicken Scheiben werden gleich nach der Montage der entsprechenden Diele wieder entfernt! Sie bewirken lediglich, dass ein wenig Zwischenraum zwischen den Dielenbrettern bestehen bleibt.

Nacheinander werden nun alle vier Seiten des Hochbeets fertig gestellt, zwischendurch wird mit einer Wasserwaage geprüft, ob die Seiten des Hochbeetes auch waagrecht sind. Ob man sich als Außenseite für das Beet für die breit geriffelte Seite der Dielenbretter oder für die etwas feiner geriffelte Seite entscheidet, ist für die Stabilität des Hochbeetes unerheblich und bleibt dem persönlichen Geschmack überlassen.

Sind alle Dielen fachgerecht verschraubt worden und der Beetkasten quasi komplett

aufgebaut, kann das unbehandelte Holz mit einem entsprechenden Holzöl eingepinselt werden. Diese Maßnahme weist Feuchtigkeit ab und verschafft dem Holz eine frischere Farbgebung. Das Öl wird von beiden Seiten, also von innen und außen, auf die Hölzer aufgetragen. Es sollte unbedingt darauf geachtet werden, nur Öl zu verwenden, welches frei von Giftstoffen ist! Wer sich unsicher ist, spart die Innenseite des Kastens von der Ölbehandlung aus **(Abb. 9)**.

Folie als ultimativer Schutz

Der Rahmen für das Hochbeet ist nun gesetzt. Das schöne Douglasienholz wurde mit natürlichen Ölen vor Witterungseinflüssen geschützt.

Nun gilt es, die hölzernen Dielen von der Innenseite her vor den „brandgefährlichen" Zersetzungsprozessen zu bewahren, die sich nach dem Einbringen von verrottbarem Füllmaterial fortan im Inneren des Hochbeetes abspielen werden.

Eine ausreichend feste Folie in einer Breite von mindestens 80 cm sollte hierfür Verwendung finden. Benötigt wird sie in einer Länge von 4,20 m, damit diese von der Innenseite her rundherum und möglichst in einem Stück angebracht werden kann. Auch **Teichfolie** ist für diesen Zweck bestens geeignet, da sie sehr robust, reißfest, absolut wasserundurchlässig und verrottungsresistent ist!

Manchmal bleiben vom Teichbau Reste übrig, die ebenfalls verwendet werden können. Stehen nur noch Teilstücke einer Teichfolie zur Verfügung, so ist darauf zu achten, dass sich die Folienbahnen an den Nahtstellen um gut 10 cm überlappen, damit ein ausreichender Feuchtigkeitsschutz gewährleistet ist.

Die Folie wird etwa 2 cm weit über den oberen Beetrand geschlagen und dort mit einem Handtacker etwa alle 10 bis 12 cm befestigt **(Abb. 10)**. Dünnere Folien schlägt man doppelt um und tackert sie dann am Holz fest.

Eine weitere Befestigung der Folie ist nicht zwingend notwendig. Sie kann also ruhig lose in das Beet hineinhängen, da das eingebrachte Füllmaterial die Folie automatisch an ihrem Platz fixiert **(Abb. 11)**.

Der untere Folienrand sollte bis zum Boden hinunterreichen, damit das Holz gänzlich vor dem Kontakt mit dem Erdreich bewahrt werden kann.

Schöner und praktischer Abschluss

Nachdem Folie rundum mit einem Handtacker an der Dielenoberkante befestigt worden ist, werden zum Abschluss dekorative Zierleisten von oben flach zwischen die Eckpfosten aufgelegt und angeschraubt.

Dafür werden die zuvor verwendeten geriffelten Dielen aus unbehandelter Douglasie zunächst auf die benötigte Länge von je 1 x 1,26 m und 1 x 66 cm zugeschnitten. Anschließend werden diese Bretter der Länge nach durchgesägt, sodass sie nur noch die halbe Breite von gut 7 cm haben und somit zwischen die ebenfalls 7 cm breiten Eckpfosten passen, ohne allzu weit über den Rand des Beetes hinauszuragen. Dadurch bleibt die Beetfläche für die dort arbeitenden Personen gut zugänglich.

Mit Schrauben in einem Abstand von etwa 25 bis 30 cm werden die Abschlussdielen an den schmalen Dielenoberkanten des Hoch-

> ### Wichtig!
> **Beim Anbringen der Folie darf das Holz des Hochbeetes auf keinen Fall feucht sein! Nach regnerischem Wetter sollten die Hölzer daher mindestens einen Tag lang gut abtrocknen können, bevor die Folie an den Dielen befestigt wird!**

beetrahmens befestigt **(Abb. 12)**. Die dekorativen Abschlussleisten bewirken auch, dass die mit Heftklammern befestigte Folie unsichtbar bleibt, und es entsteht außerdem Platz, um kleinere Töpfe und Werkzeuge abzulegen oder sich beim Arbeiten bequem aufstützen zu können. Das ist vor allem dann wichtig, wenn auch Kinder mit am Beet arbeiten sollen! **(Abb. 13)**

Mit Kieselsteinen dekorieren

Schön und gleichermaßen nützlich sind Kieselsteine, die dem Hochbeet auch einen ansprechenden Rahmen geben. Welche Art von Steinen man hier verwenden möchte, ist dem persönlichen Geschmack überlassen **(Abb. 14)**. Vom Preis her recht günstig und dennoch optisch ansprechend ist heller Quarzkies in der Körnung 16 bis 32 mm. Im Fachhandel erhältlich sind Dekorsteine in beinahe jeder erdenklichen Farbe und Körnung. Der persönliche

Geschmack sowie die Größe des Geldbeutels entscheiden schließlich, ob oder mit welchen Steinen das Hochbeet eingerahmt werden soll.

Ein Kiesweg ist schnell und einfach angelegt. In einer Breite von mindestens 40 cm wird der Boden um das fertig aufgebaute Hochbeet herum in einer Tiefe von 5 bis 8 cm ausgehoben **(Abb. 15)**.

In diese Vertiefung hinein werden nun die Kieselsteine geschüttet und gleichmäßig verteilt.

Die Kiesschicht sollte nicht zu dick aufgetragen werden, da es sich sonst eher beschwerlich darauf gehen lässt. Eine etwa 5 cm starke Schicht reicht völlig aus.

Besonders gepflegt wirkt dieser Weg aus bunten Kieseln, wenn seine Kanten sauber und akkurat verlaufen. Hübsch sind auch Blühpflanzen, die neben die Steine in farblicher Harmonie gepflanzt werden. Die mit Kieseln belegte Fläche kann gerade oder in Schwüngen verlaufen – es ist durchaus erlaubt, dabei kreativ zu werden. Kunstvoll verlegte Kieselmuster unterstreichen die Schönheit des Beetes auf sehr natürliche Weise **(Abb. 16)**.

> ### Tipp!
>
> **Der mit Steinen bedeckte Weg um das Hochbeet herum verhindert auch ein Hochspritzen des Erdreiches während starker Niederschläge, sodass die ansehnlichen Hölzer des Beetes sauber bleiben und ihre attraktive Ausstrahlung wesentlich länger beibehalten.**

Weitere Flächen zur Ablage oder als Sitzplatz für Katzen

Wenn zu einer oder beiden Schmalseiten des Hochbeetes genug Raum vorhanden ist und weitere Flächen zur Ablage von Arbeitsmaterial gewünscht werden, kann anstatt der 7 cm schmalen Abschlussdielen – ohne allzu großen Mehraufwand – auch ein breiteres Brett als abschließende Zierleiste montiert werden. Durch diese Maßnahme entsteht eine zusätzliche Ablagefläche für Blumentöpfe, Werkzeug oder Samentütchen.

Wer eine Katze hat, macht unter Umständen auch dem Haustier eine Freude, da diese breitere Diele von den Tieren gerne als bequemer Sitz- und Beobachtungsplatz angenommen wird und somit schnell zum Lieblingsplatz der Hauskatze wird.

Die 66 cm lange Abschlussdiele der Schmalseite wird nun gleich zweimal benötigt, da sie – anstatt sie der Länge nach durchzusägen – für eine oder beide Seiten in ihrer kompletten Breite von 14,5 cm als oberer Abschluss zwischen die Pfosten geschraubt wird.

Variante

Ebenso könnte man diese zusätzliche Ablagefläche auch als abnehmbare Seitenleiste anfertigen, die lediglich nach Bedarf an einer oder beiden Schmalseiten aufgesteckt wird **(Abb. 17)**.

Dafür ist wiederum ein weiteres Teilstück der Douglasiendielen in einer Länge von 66 cm (oder länger) erforderlich.

Benötigt werden außerdem vier Eckwinkel aus Stahl, von denen jeweils zwei so ineinander gelegt werden, dass sie ein „U" bilden, dessen Öffnung exakt die Breite der Abschlussdielen des Beetes besitzen soll. Sie werden nun auf beiden Seiten der Dielenunterseite angeschraubt und können somit auf einer beliebigen Stelle der oberen Zierleisten des Beetes aufgesteckt werden. So entstehen weitere Ablageflächen, auf denen die wichtigsten Arbeitsutensilien immer schnell griffbereit liegen **(Abb. 18–20)**.

Zubehör für das Hochbeet aus Holz

Die Außenwände des schönen Holzhochbeetes können dazu genutzt werden, hier Pflanzen zum Trocknen aufzuhängen oder Gartenzubehör des täglichen Gebrauchs an Haken oder Schrauben anzubringen **(Abb. 21 und 22)**.

Am einfachsten ist die Montage von s-förmigen Haken, wie man sie in verschiedenen Größen sowie ganz unterschiedlichen Materialien im Möbel- oder Eisenwarenfachhandel kaufen kann. Sie werden einfach nur in die Rillen der geriffelten Holzdielen eingehängt! Kräuter, Zwiebel- oder Knoblauchzöpfe können nun gebündelt oder geflochten an den Haken zum Trocknen aufgehängt werden. Für Kräuter wählt man die der Sonne abgewandte Seite des Beetes, für Zwiebeln darf es auch die sonnige Südwand sein.

Das zum Trocknen aufgehängte Erntegut erhält hier einen Platz an warmen, trockenen Tagen. Daneben ziert es das Hochbeet und

sieht im Verbund mit der Holzwand wunderschön aus!

Etwas solider als die nur locker eingehängten Haken sind fest montierte kleine Schraubhaken, die auch zum Aufhängen von Werkzeug oder anderen Gebrauchsgegenständen eines Gärtners verwendet werden können.

Hübsch sind Blumentöpfe beziehungsweise Blumentopfhalter mit einer eingearbeiteten Aufhängevorrichtung, die aus einem großen Haken bestehen könnte. Es gibt sie in verschiedenen Größen, Farben und Materialien. Blechtöpfe sind besonders leicht zu handhaben, da das Material biegsam ist und sich ein Aufhängehaken aus Blech den vorhandenen Gegebenheiten besonders gut anpassen lässt.

Erste Aussaaten
Je nach Witterung kann der Hochbeetanbau schon im zeitigen Frühjahr mit den ersten Aussaaten beginnen.

Zuvor wird das Beet mit organischem Innenleben gefüllt und als Abschluss mit einer Schicht guter Gartenerde oder sehr reifem Kompost bis zum oberen Rand aufgefüllt. Diese abschließende Erdschicht sollte mindestens 15 cm dick sein, damit die schnell heranwachsenden Jungpflanzen genügend Raum für die Bildung kräftiger Wurzeln vorfinden.

Diese „Gewindestange" verbindet beide Längsseiten des Beetes miteinander. Sie wird ins Holz hinein geschraubt und verläuft horizontal auf halber Höhe durch die ganze Tiefe des Beetes hindurch **(Abb. 23)**. Die Verwendung einer Mittelstrebe ist bei Hochbeeten ab etwa 1,50 m Länge sinnvoll. Diese Stange fängt den höheren Erddruck aus dem Inneren von größeren Hochbeeten auf. Auf diese Weise wird ein unschönes „Ausbauchen" des Beetes verhindert.

Beetvariante
Eckverbindungen mit einer Gewindestange aus Edelstahl

Mit der Hilfe von Gewindestangen aus Edelstahl sowie Holzbohlen aus widerstandsfähigen Holzarten, wie etwa Lärchenholz, entsteht eine schöne und einfach zu konstruierende Beet-Variante, die vor allem für kleinere Hochbeete in einer rechteckigen Form praktisch ist. Hierfür werden Holzbohlen auf ein gewünschtes Maß zugeschnitten. Zusätzlich werden die Hölzer an ihren Enden ausgeschnitten, sodass sie, wenn man sie zu einem Kasten zusammenfügt, an den Ecken wie ein Zahnrad ineinandergreifen. Derart miteinander verzahnte Hölzer kann man sich unter Umständen auch im Fachhandel in dieser Weise zuschneiden lassen.

Vor der endgültigen Montage des Beetes werden die Löcher für die Gewindestangen vorgebohrt, sodass der anschließende Zusammenbau mit Hilfe von vier Gewindestangen nur noch ein Kinderspiel ist. Die Stangen aus Edelstahl werden nun durch alle vier Ecken des Kastens jeweils senkrecht in die exakt übereinanderliegenden Löcher gesteckt und mit Gewindemuttern von oben und unten festgeschraubt **(Abb. 24)**. Abschließend wird das Beet mit Folie ausgekleidet, welche mit einem Handtacker befestigt wird.

Ein rundes Hochbeet aus Granitpalisaden

Größe
Durchmesser des Beetes: 1,20 m;
Durchmesser der inneren Beetfläche: 96 cm

Höhe: 80 cm

Material
- Granit, hell, als Einfassungspalisade in der Höhe von 1,25 m und in einer Stärke von 12 x 12 cm benötigte Menge: 25 Stück
- 3 Säcke Trockenmörtel (etwa 60 kg)
- Folie oder witterungsbeständiges Vlies in der Größe 3 x 3 m
- etwa 100 kg Kies
- etwa 60 kg Splitt
- etwa 15 kg feiner Splitt zum Einkehren in die Fugen des Weges
- etwa 250 kg dunkles Basaltpflaster, 4 bis 6 cm, für eine Fläche von 2 m²

- Nach Bedarf Kaninchendraht gegen Wühlmäuse und/oder Unkrautvlies gegen hartnäckige Wurzelunkräuter
- 1 Schubkarre Sand zum Polstern von Draht und Unkrautvlies

Palisaden aus Granit bilden eine sehr stabile Hochbeet-Einfassung.

> **Formeln**
> U (Umfang) = d (Durchmesser) x π (Kreiszahl)
> A (Kreisfläche) = r^2 (Radius) x π (3,14)

Kosten

Da der Preis für eine Einfassung aus hellem Granit variabel ist, sollte er im Baustoff- beziehungsweise Natursteinhandel erfragt werden, gegebenenfalls sollten die Angebote mehrerer Anbieter verglichen werden. Die Anlieferungskosten sind meist noch verhandelbar.

Ebenso verhält es sich mit den Preisen für Kies, Splitt oder Folie. Ein Preisvergleich lohnt sich in jedem Fall.

Bei der Anschaffung einer ausreichend großen Folie darf ohne schlechtes Gewissen auch bei einem preiswerten Angebot zugegriffen werden. Es reicht völlig aus, wenn diese reißfest ist, da sie im Inneren des Beetes ansonsten wenig beansprucht wird. Die Folie soll lediglich verhindern, dass Substrat aus dem Innenraum des Beetes herausrieseln kann.

Der Preis für Basaltpflaster in der Größe 4/6 ist ebenfalls von Anbieter zu Anbieter recht unterschiedlich und beträgt im Mittel etwa 350 Euro/t.

Bauweise

Palisaden werden hochkant und zu etwa einem Drittel der Länge im Boden versenkt und „trocken" – in einem Bett aus Kies und Trockenmörtel – zu einem Kreis aufgestellt. Auf der Innenseite wird der Steinkreis mit Folie oder einem witterungsbeständigen Vlies ausgelegt.

Als Rundweg um das Hochbeet herum wird schwarzes Basaltpflaster der Größe 4 bis 6 cm verlegt

Benötigtes Werkzeug

- Spaten
- Spitzhacke
- Maurerkelle
- Schubkarre
- Schnur
- Holzpflock
- Arbeitshandschuhe
- Schaufel
- Wasserwaage
- Fäustel (mit Gummischuh)
- Rüttelstampfer oder Vorschlaghammer
- Schere oder Teppichmesser

Anzahl der Personen

2 Personen

Ausführung

Der **Gesamtdurchmesser** des Hochbeetes inklusive eines um das Beet herum verlaufenden Weges beträgt **2 Meter**, wenn man eine Wegbreite von 40 cm zugrunde legt. Wird ein breiterer Weg gewünscht, muss dies in der Planung berücksichtigt werden!

Da dieses Hochbeet eine kreisrunde Form haben soll, wird zunächst ein kleiner Holzpflock in den Mittelpunkt der vorgesehenen Fläche eingeschlagen. Eine Kordel oder Schnur wird nun locker am Pflock angebunden. Mit einem Radius von 54 Zentimetern wird nun ein Kreis um den Pflock herum in die Erde gezogen.

Dabei wurde für diesen Radius der Abstand vom Mittelpunkt des Beetes bis zur Mitte der Palisadenquerschnitte zu Grunde gelegt.

Eine Grube ausheben

Entlang der markierten Kreislinie wird nun das Erdreich abgehoben. Da die Einfassungssteine einen Querschnitt von 12 x 12 cm haben, die Ausschachtung allerdings breiter sein muss, wird dieser Graben mindestens in der Breite des verwendeten Spatens ausgehoben, also etwa 20 cm breit. Erst dann ist gewährleistet, dass die hohen Granitpalisaden von innen und außen mit Fertigmörtel eingefasst werden können und später sicheren Halt bekommen. Auch lässt sich ein breiterer Graben wesentlich leichter ausheben als ein allzu schmaler.

Tiefe: Bei einer Palisadenhöhe von 1,25 m, wobei diese zu etwa einem Drittel im Boden versenkt werden sollen, wird die Tiefe des auszuhebenden Grabens folgendermaßen berechnet:

> 45 cm (mindestens ⅓ der Palisadenlänge)
> 5 cm (Trockenmörtel unter den Palisaden)
> 10 cm Kies für einen besseren Abzug von Regenwasser
> _____
> **= 60 cm Gesamttiefe**

Man gräbt nun also in Kreisform entlang der zuvor markierten Linie, ausgehend vom normalen Erdniveau, einen etwa 20 cm breiten und 60 cm tiefen Graben.

Da um das Beet herum ein **gepflasterter Weg** von etwa 40 cm Breite geplant ist, muss hier ebenfalls Erdreich abgetragen werden. Es wird demnach um den ersten 60 cm tiefen kreisrunden Graben herum eine weitere Vertiefung für den geplanten Weg freigelegt. Die Breite für diese Vertiefung beträgt etwa 40 cm. Die Tiefe für diesen äußeren Graben, in den die Steine verlegt werden sollen, ergibt sich aus der Dicke der Basaltpflastersteine, einer Schicht Kies sowie feinem Splitt:

> 6 cm Pflasterstein
> 10 cm Kies für einen besseren Abzug von Regenwasser
> 5 cm feiner Splitt
> _____
> **= 21 cm**

Die Gesamttiefe des Aushubs für den Weg rund um das Beet beträgt demnach etwa 20 cm.

Den Erdaushub sammelt man auf einem Hügel unweit der Baustelle, da man einen Teil davon später wieder brauchen wird.

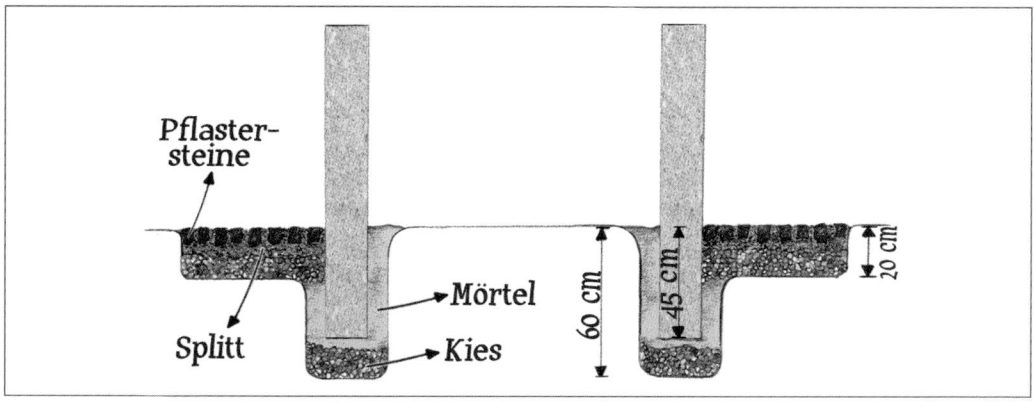

Kaninchendraht und Unkrautvlies

Wurden beide Gräben sauber ausgehoben, stellt sich nun die Frage, ob das Verlegen von Kaninchendraht gegen lästige Wühlmäuse und/oder das Verlegen eines Unkrautvlieses notwendig ist.

Möchte man Wühlmäuse daran hindern, von unten her in das Innere des Hochbeetes einzudringen, wird der Draht in einem Durchmesser von 1 m rund zugeschnitten und über den Boden des späteren Beetes gelegt. Die äußeren Ränder des Drahtes werden leicht nach außen in den zuvor ausgehobenen tiefen Graben hineingebogen. Darüber gibt man eine Schicht Sand, die den Draht vollständig bedecken sollte. Auf diese Sandschicht wird nun bei Bedarf ein entsprechendes Unkrautvlies verlegt und wiederum mit einer dünnen Schicht Sand bedeckt.

Kieselsteine gegen Stauwasser

In beide Gräben wird nun Kies in einer Stärke von etwa 10 cm gefüllt. Diese Kiesschicht sorgt dafür, dass Regenwasser versickern kann und Schäden am Beet durch drückendes Wasser oder durch Frost und Eis im Winter vermieden werden.

Trockenmörtel zur besseren Stabilisierung

In den inneren tieferen Graben wird zunächst Trockenmörtel in einer etwa 5 cm dicken Schicht auf den Kies gegeben.

Beim Einsetzen der schwergewichtigen Steine ist die Hilfe einer weiteren Person sinnvoll.

Es macht durchaus Sinn, nicht von einem Punkt aus zu arbeiten, sondern die ersten vier Palisaden gleichmäßig im Kreis auf vier Viertel zu verteilen. Dies hat den Vorteil, dass viel besser abgeschätzt werden kann, wie die Steine auf den Kreis aufgeteilt werden müssen. Nicht jede der Palisaden ist exakt 12 cm breit, da es

sich bei ihnen um natürlich behauene Natursteine handelt. Falls Lücken unvermeidlich sind, können diese nun gleichmäßig auf alle Palisaden verteilt werden, um ein homogenes Gesamtbild zu formen. Stein um Stein wird nun auf das Mörtelbett in den Graben gestellt.

Exaktes Ausrichten

Keilförmige Lücken zwischen den Palisaden sind in jedem Fall, bedingt durch die enge Kreisform des Beetes, unvermeidlich. Daher ist es umso wichtiger, dass alle Palisaden im gleichen Winkel, also in einem exakten Kreis, aufgestellt werden **(Abb. 1)**.

Auch sollte man sich die natürlich geformten Steine vor dem Einsetzen sehr genau ansehen und dann entscheiden, wie sich der Stein von seiner Form her am besten in die Kreisform des Beetes einfügt. Die jeweils breitesten Vorderseiten zeigen nach außen, um entstehende Lücken so gering wie möglich ausfallen zu lassen.

Ist der Kreis komplett, wurden also alle Graniteinfassungen auf dem Trockenmörtel verteilt, beginnt die Feinarbeit des exakten Ausrichtens. Die Hochbeetwand sollte ein einheitliches und optisch ansprechendes Bild ergeben. Unter Umständen muss nochmals korrigiert werden, bis die Abstände zwischen den Steinen und deren Winkel zueinander stimmig sind. Eine Wasserwaage ist beim exakten Ausrichten von Nutzen.

Es versteht sich von selbst, dass die Einfassungen eine ebenmäßige obere Kante bilden. Gegebenenfalls muss auch hier noch ausgeglichen werden. Dies kann mit Hilfe eines Fäustels geschehen, falls eine Palisade im Vergleich zu ihrer Nachbarin zu hoch aus der Erde ragt, oder indem man eine zu tief stehende Granitsäule anhebt und mit Trockenmörtel unterfüttert **(Abb. 2)**.

Auf das exakte Ausrichten der Palisaden sollte sehr viel Aufmerksamkeit gerichtet werden. Schließlich will man beim späteren Gebrauch des Beetes nicht auf schiefe, unschöne Seitenwände schauen, sondern sich Tag für Tag an seinem selbst gebauten Hochbeet erfreuen.

Ist der Steinkreis komplett ausgerichtet, kann vorsichtig von beiden Seiten – also von der Kreisinnen- und -außenseite – mit Trockenmörtel aufgefüllt werden. Einschlämmen mit Wasser ist nicht notwendig. Die natürliche Bodenfeuchte reicht aus, den Mörtel allmählich aushärten zu lassen. Bis dahin darf die Palisadenwand allerdings noch nicht belastet werden. Mit dem Verlegen der Folie sowie dem Auffüllen des Beetinnenraums muss daher vorerst noch gewartet werden. Es spricht jedoch nichts dagegen, im nächsten Arbeitsschritt schon den kleinen Weg aus Basaltpflastersteinen rund um das Beet zu verlegen.

Ein gepflasterter Weg

Das dunkle Basaltpflaster in der kleinsten Größe von 4 bis 6 cm bildet einen wunderschönen Kontrast zum hellen Granit der Natursteinpalisaden.

Kies in einer 10 cm dicken Schicht wurde bereits auf die vorbereitete Wegfläche aufgebracht. Diese Schicht wird nun mit dem Rüttelstampfer, der Kopfseite eines Vorschlaghammers oder einem schweren Stein verdichtet, sodass im nächsten Schritt der Splitt gleichmäßig und etwa 5 cm dick darüber verteilt werden kann. Die kleinen Pflastersteine werden nun im Splittbett verlegt. Auch auf dieser verhältnismäßig kleinen Fläche können auf Grund der geringen Größe der Steine schöne Muster kreiert werden.

Kleine Halbkreise, Bögen, Rechtecke oder Ähnliches sind als optische Hingucker möglich.

Wer keine künstlerischen Experimente durchführen möchte, beginnt mit einer gleichmäßigen Steinreihe im Innenkreis des Weges und arbeitet sich nach außen vor, bis der Weg komplett ist. Eine Wasserwaage sowie ein kleiner Gummihammer sind hilfreich beim Ausrichten der Steine. Es sollte darauf geachtet werden, die Fugen möglichst klein zu halten, damit eine gut begehbare Fläche entsteht.

Abschließend wird feiner Splitt über den fertig verlegten Weg gekehrt, bis alle Fugen ausreichend aufgefüllt sind.

Folie sorgt für ein dichtes Beet

Das Verlegen einer Folie oder eines witterungsbeständigen Vlieses im Inneren des Hochbeetes sorgt dafür, dass die Erde nicht aus dem Beet herausgeschwemmt wird. Dadurch würden die hellen Granitpalisaden allzu schnell verschmutzen und den teuren Anschaffungspreis nicht mehr rechtfertigen. Das runde Palisadenbeet ist jedoch gerade auch ein optisches Highlight im Garten, an dem man sich möglichst lange Zeit erfreuen möchte.

Sobald der Trockenmörtel ausgehärtet ist und die Granitpalisaden sicher in ihrem Mörtelbett stehen, kann mit dem Verlegen dieser Folie begonnen werden. Es sollte sich schon um eine relativ feste Folie handeln, auch ein dickes, festes Vlies oder Teichfolie würden den Zweck einer Abdichtung des Steinbeetes von seiner Innenseite her bestens erfüllen.

Das etwa 3 x 3 m große Folienstück wird in das Beet hineingelegt und an der Innenseite der Granitsteine hochgezogen, sodass es mindestens 20 cm weit über die Oberkante der Palisaden hinausreicht. Am Boden wird die Folie bis in die Ecken hineingedrückt. Nun wird sie rundum über den Palisadenrand gestülpt und dort mit einigen Steinen oder Brettern beschwert. Am Boden wird mit einer spitzen Schere oder einem scharfen Teppichmesser die runde Grundfläche des Beetes herausgeschnitten.

> **Dies hat einen ganz einfachen Grund: Der Boden des Beetes sollte unbedingt direkten Kontakt zum Erdreich haben, damit Wasser ungehindert ablaufen kann.**

Sobald der Boden freigelegt ist, darf auch schon mit dem Befüllen des Beetes begonnen werden. Dabei kann die Folie noch ein wenig nach innen in das Beet hineingezogen werden, was aber nicht weiter schlimm ist, da oben reichlich Überstand vorhanden ist.

Erst wenn das Beet komplett aufgefüllt wurde, wird dieser überstehende Folienrand mit einer Schere sauber 1 bis 2 cm unterhalb der Beetoberkante abgeschnitten.

Variante

Auch eine rechteckige Form ist natürlich möglich und sieht sehr attraktiv aus.

Rechteckige Beete nutzen generell die vorhandene Fläche besser aus als runde Beete. Platzsparend können sie an der Grundstücksgrenze stehen oder als Raumteiler innerhalb des Gartens dienen. Ein weiterer Vorteil des eckigen Palisadenbeetes besteht darin, dass die Palisaden in einer geraden Linie dicht aneinandergereiht und ohne größere Abstände aufgestellt werden können. Es ergibt sich somit ein lückenloses und optisch sehr ansprechendes Gesamtbild der Hochbeeteinfassung.

Dennoch darf auch hier eine Folie auf der Innenseite des Beetes nicht fehlen, da minimale Mengen an Erde selbst durch winzige Lücken herausgeschwemmt werden können und unschöne Flecken auf dem hellen Granit hinterlassen.

Ein Hochbeet aus dem Mittelalter

Das Weidenbeet oder als Alternative das Reisigbeet

Ganz ohne Schrauben oder Nägel, nur aus Holz und Weidenruten zusammengefügt, wie in den Bauern- oder Klostergärten unserer Vorfahren – auch so können Hochbeete heute aussehen!

Und sie machen vor allem in Bio- oder Bauerngärten eine gute Figur. Dort fügen sie sich durch die verwendeten natürlichen Baustoffe optimal in das Gesamtbild des Gartens ein.

Der beste Platz für ein Weiden- oder Reisigbeet nach mittelalterlichem Vorbild ist der Nutzgarten.

Im Zentrum von Gemüse und Kräutern schluckt das nur aus Holz zusammengefügte Beet zunächst Unmengen an grünem Abfall, um dem Gärtner anschließend das Erhaltene in Form einer reichen Ernte wieder zurückzugeben. Die Haltbarkeit für ein Weidenbeet nach der hier vorgestellten Bauart ist auf wenige Jahre beschränkt. Am besten hält man Platz für zwei etwa gleich große Beete frei, die man jeweils im Wechsel nutzen kann. Fällt ein Beet in sich zusammen, wird mit seinen Resten gleich das neue Beet bestückt.

Nicht nur Kindern wird hier der Kreislauf der Natur sehr anschaulich nahegebracht.

Für Naturinteressierte ist es spannend, dieses Werden und wieder Vergehen so eindrucksvoll im eigenen Garten miterleben zu können. Das hübsche Flechtwerk aus Weidenruten ziert jeden Garten und verströmt eine fast schon geheimnisvolle Atmosphäre, die uns in alte, längst vergangene Zeiten zurückversetzt.

Alternativ können auch andere Hölzer zum Aufbau des Flechtwerkes dienen und sogar trockenes Reisigholz wird – bündelweise übereinander geschichtet – zu einem optisch sehr ansprechenden Rahmen für ein Hochbeet.

Größe

Auf Grund der Lage mitten im Gemüsegarten wird in unserem Beispiel eine ovale Form mit den Maßen von etwa 1,50 x 0,90 m für das Weidenbeet gewählt.

Höhe: variabel zwischen 70 und 90 cm

Material

- 12 stärkere Äste mit einem Durchmesser von etwa 3 bis 5 cm und einer Länge von mindestens 1,20 m oder 16 Äste für das Reisigbeet
- Eine größere Menge Flechtruten mit einer Mindestlänge von 1,20 m oder länger oder wahlweise trockenes Reisig. Biegsame Holzarten wie Weide oder Hasel sind für diesen Zweck generell zu bevorzugen, da sie sich der runden Beetform am leichtesten anpassen, beim Verarbeiten nicht so schnell brechen und ein beständiges Flechtwerk ergeben.

Es wächst und wächst auf dem Weidenbeet.

Kosten

Es fallen keinerlei Kosten an, da es Gehölzschnitt in der Regel gratis und auf Nachfrage
auch beim Gartennachbarn gibt.

Reisig darf normalerweise von jedermann im
Wald gesammelt werden. Sicherheitshalber
sollte man jedoch beim zuständigen Forstamt
anfragen, ob dies auch im Waldgebiet des Hei-
matortes ohne den Besitz eines Sammel-
scheins möglich ist. Da es sich bei dem
benötigten Astmaterial um eine nicht unbe-
trächtliche Menge handelt, macht es Sinn, ein
ausreichend großes Transportmittel dabeizuha-
ben.

Um mit einem Autoanhänger in den Wald
fahren zu dürfen, ist mit Sicherheit eine Geneh-
migung des zuständigen Försters nötig. Dieser
kann auch Tipps und Hinweise geben, wo am
besten gesammelt werden kann.

Bauweise

Die starken Äste werden mit ihrer schmaleren
Seite voran und einem Vorschlaghammer entlang der markierten Grundfläche in gleichmäßigen Abständen senkrecht in den Boden
geschlagen, sodass sie noch etwa 90 cm aus
der Erde ragen. Einem Korb gleich werden –
unten beginnend – dünnere Flechtruten um die
Pflöcke geschlungen. In einer Schlangenlinie
führt man die Äste abwechselnd innen und
außen um die Pflöcke herum. Entscheidend ist
die Dichtheit des Flechtwerks, wobei auch eine
ansprechende Optik Beachtung finden soll.

Kinder können beim Ausarbeiten der Flechtwände ebenfalls helfen.

Benötigtes Werkzeug
- Astschere
- kleiner Vorschlaghammer
- Gartenschere
- Säge

Anzahl der Personen

1 (auch als gemeinschaftliche Aktion mit Kindern möglich!)

Ausführung

Auf der Suche nach dem optimalen Platz im
Garten sollten folgende Kriterien bei der Wahl
erfüllt werden:

- vollsonniger Standort
- zentrale Lage im Gemüse- und/oder
  Blumenbeet
- offener gut durchlässiger Boden

Wurde ein entsprechender Platz für das Weidenhochbeet gefunden, beginnt die Beschaf-
fung der benötigten Rohstoffe für den Aufbau.
Beim alljährlichen Gehölzschnitt fallen immer
auch stärkere Äste an. Haben diese einen
Durchmesser von wenigstens 3, besser aber
4 bis 5 cm an ihrer dicksten Stelle sowie eine
gerade Wuchsform, bringt man sie mit einer
Astschere oder Säge auf eine Länge von etwa
1,25 m. Mindestens 12 für ein Weidenbeet beziehungsweise 16 für ein Reisigbeet sollten wir
schließlich von ihnen zur Verfügung haben,
damit aus ihnen ein formgebendes stabiles
Grundgerüst errichtet werden kann.

Durch ihren beständigen Kontakt zum Erdreich sind diese Pflöcke besonders anfällig für
alle Prozesse von Verwitterung und Verrottung.
Wer besonderen Wert auf eine längere Lebensdauer seines Weidenhochbeetes legt, sollte
hier anstatt Weide eher eine beständigere
Holzart wählen. Eiche als heimische Holzart
wäre hier an erster Stelle zu nennen. Generell
sind harte Holzarten, wie Eiche, Buche oder
Nussbaum, haltbarer und daher die erste Wahl
für eine Verwendung als Holzpflock im Außenbereich.

Das haltbarste Holz überhaupt ist Robinien-
holz, das den Anspruch der Dauerhaftigkeit

„Reisigbeete" im Klostergarten von Jerichow, Deutschland.

eines in die Erde getriebenen Holzpflockes mit großem Abstand am besten erfüllt. Geschälte Robinienpflöcke haben eine beinahe unbegrenzte Lebensdauer.

Reisig

Unter Reisig (Reis, Reiser) versteht man dürre, trockene Zweige, die von Bäumen oder Sträuchern heruntergefallen sind.

Reisig wurde in früheren Zeiten im Wald gesammelt und vorwiegend zum Anzünden eines Feuers benutzt. Bekannt sind auch Reisigbesen, die man heute eher aus dekorativen Gründen herstellt.

Der Bau eines Hochbeetes mit Hilfe von Reisigholz war auch in früheren Zeiten eher eine Seltenheit, kam allerdings dennoch gelegentlich vor.

Wie weit die Tradition des Sammelns von Reisig schon in der Zeit zurückreicht, zeigt sich,

wenn man das Wort sprachlich ableitet. Im Altdeutschen gab es für Reisig den Begriff risahi, im Mittelhochdeutschen risach und risech, was Rute, Reis oder Gebüsch bedeutet.

Die neuhochdeutsche Form des Wortes Reisig entstand durch eine Umwandlung seiner Endsilbe zu „-ig".

Wer sich die Mühe des Sammelns von Reisig nicht machen möchte, verwendet stattdessen Schnittgut aus dem eigenen Garten. Biegsame Holzarten, wie Weide oder Hasel, erfüllen die Ansprüche an eine Verwendung als geflochtene Korbhülle des Beetes am besten. Diese Flechtruten sollten mindestens 1,20 m lang sein. Ruten bis zu 4 m Länge können in einem Weidenhochbeet verarbeitet werden.

Hier gilt: umso länger, desto besser!

Auch sollten die verwendeten Ruten nicht zu dünn sein. Äste ab 1 cm Durchmesser sind ideal und bilden ein stabiles Flechtwerk.

Alte Korbweiden

Bäume und Sträucher mit biegsamen Ästen:

- Weide
- Hasel
- Birke
- Erle
- Magnolie
- Fichte (frisch geschnitten)
- Linde
- Liguster
- Rotbuche
- Pappel
- Esche
- Ahorn

Die Ernte der Ruten

Für kommerzielle Zwecke werden heute Flechtruten auf großen Plantagen angebaut.

Zur Ernte werden die jungen Reiser alljährlich bis zum Boden geschnitten, ohne dass jemals ein Baum aus ihnen werden könnte. Dies war natürlich nicht immer so, vielmehr erntete man die Flechtruten in früheren Zeiten von sogenannten Kopfbäumen. Viele uralte Exemplare dieser Art zieren noch heute unsere Landschaften und erfüllen sie mit ihrer geradezu mystischen Aura.

Kopfbäume gibt es nicht nur von Weiden. Je nach Region wurden früher – und werden zum Teil noch heute – auch andere Laubbaumarten als Kopfbaum gezogen. Zu ihnen zählen Esche, Linde, Erle, Hainbuche, Pappel und örtlich sogar die Eiche.

Das „Köpfen" der Bäume in 1 bis 3 m Stammhöhe bewirkt Ausschläge von Ästen mit verstärktem Längenwachstum an der Verstümmelungsstelle. Diese langen Ruten wurden einst zur Herstellung von Flechtwerk benutzt. Weiters verwendete man Weidenholz früher auch beim Hausbau oder als Brennholz.

Die besten Korbweidenarten

Geht es darum, eine exzellente Flechtarbeit zu erstellen, haben die Korbmacher zu Recht einige Favoriten unter den unzähligen Weidenarten.

Äste mit wenig Mark sind erwünscht, da diese einerseits eine hohe Stabilität, andererseits auch eine besonders große Flexibilität besitzen.

Salix americana, die aus Nordamerika stammende **Binde-** oder **Schälweide**, erfüllt die hohen Ansprüche an Flexibilität, Haltbarkeit und Stabilität ebenso wie die **Hanf-** oder **Korbweide**, *Salix viminalis*.

Eine weitere bestimmende Rolle für den Erhalt von Flechtruten mit optimalen Eigenschaften spielt auch der Standort, an dem die Bäume wachsen und der eher mager und durchlässig sein sollte. Wachsen die Bäume dagegen auf einem zu fetten Boden und erhalten in der Folge zu viele Nährstoffe, bilden sie in ihren Ästen mehr Mark und verlieren dadurch ihre guten Flechteigenschaften.

Körbe vom Korbmacher sind damals wie heute echte Unikate.

Korbweide kurz vor der Ernte

Um genügend Material für ein Weidenbeet zusammenzubekommen, braucht man schon eine ganze beträchtliche Menge an Schnittgut. Für eine Weidenplantage wird jedoch kaum jemand genügend Platz zur Verfügung haben. Falls also Projekte, wie die hier beschriebenen, geplant sind, besinnen wir uns gerne wieder auf die Technik unserer Vorfahren und kultivieren Kopfbäume in unseren Gärten.

Die Bäume benötigen nur wenig Platz, da sie jedes Jahr radikal von ihrem gesamten Austrieb befreit werden, sodass nur noch der Stamm samt seines „Kopfes", aus dem jedes Jahr die Ruten neu austreiben, stehen bleibt. Mit zunehmendem Alter entwickeln die „geköpften" Bäume eine wahrhaft bezaubernde Ausstrahlung.

Mindestens ein älterer Kopfbaum beziehungsweise mehrere junge Bäume sind nötig, um die erforderliche Menge an Ruten für ein Hochbeet in Flechttechnik zu erhalten.

Wer keinen Kopfbaum beernten kann, muss natürlich nicht auf ein geflochtenes Hochbeet verzichten. Er greift auf Schnittgut von diversen anderen Bäumen oder Sträuchern zurück, und hierbei vornehmlich auf Gehölzarten, welche über besonders biegsame Äste verfügen (s .Tabelle S. 58).

Um ein ansehnliches Flechtwerk zu erstellen, werden möglichst lange und gerade gewachsene Äste verwendet, die nicht zu dünn, jedoch auch nicht zu dick und allzu stark verholzt sein dürfen. Zu dünne und weiche Äste halten später dem Erddruck, welcher aus dem Innenraum des Beetes auf seine Ummantelung einwirkt, nicht stand. Sie verleihen dem Hochbeet insgesamt weniger Stabilität. Werden allerdings Äste verwendet, die schon älter und dabei schon stark verholzt sind, kommt es beim Flechten leicht zu Brüchen. Allerdings ergeben dickere Ruten ein wesentlich stabileres Beet, sodass man es einfach ausprobieren sollte, bis zu welcher Stärke die Äste noch zum Flechten verwendet werden können.

> **Tipp!**
>
> **Selbst nach einer Lagerzeit von mehreren Monaten werden Weidenruten wieder weich und biegsam, wenn man sie etwa 10 Tage lang ins Wasser legt!**

Schnittzeitpunkt

Die offizielle Erntezeit für Weidenruten fällt in das Winterhalbjahr. Sobald alle Blätter von den Bäumen gefallen sind, werden die Ruten geschnitten. Wenn die Bäume im zeitigen Frühjahr mit ihrem Neuaustrieb beginnen, also etwa im März, endet die Weidenernte.

Die im Herbst oder Winter geschnittenen Ruten werden nun für einige Zeit gelagert. Da sie jedoch während der Lagerzeit ihre Flexibilität verlieren, legt man sie vor der Verwendung als Flechtruten für einige Tage ins Wasser.

Abgelagerte Weidenruten besitzen gegenüber frisch geschnittenen den Vorteil, dass sie bereits einen Teil ihrer natürlichen Feuchtigkeit während der Lagerzeit verloren haben, sodass sie ihren Durchmesser nun auch dauerhaft beibehalten.

Wer dennoch mit frisch geschnittenen Zweigen arbeiten möchte, was natürlich ebenfalls möglich ist, muss damit rechnen, dass die ver-

flochtenen Zweige nach einiger Zeit deutlich in Durchmesser und Umfang zusammenschrumpfen werden. Diesen natürlichen Schwund an Volumen der Flechtwände muss man zu einem späteren Zeitpunkt mit weiteren Ästen vervollständigen. Zuvor wird das lückenhafte Flechtwerk einfach nach unten gedrückt, die neuen Äste werden anschließend als Ergänzung des oberen Randes hinzugefügt.

Die Verwendung frischer Ruten besitzt allerdings den Vorteil, dass man die Äste vor der Verarbeitung nicht noch extra in Wasser einweichen muss. Für viele Gärtner stellt dies nämlich ein recht schwieriges Unterfangen dar, wenn meterlange Äste ins Wasser gelegt werden sollen, aber weder ein entsprechend großer Teich noch ein Bach oder Ähnliches zur Verfügung steht.

Da Weiden wenig empfindliche Gewächse sind, nehmen sie es nicht gleich krumm, wenn man sie auch außerhalb der offiziellen Erntezeit schneidet. Selbst im Sommer könnte man die Ruten noch ernten. Allerdings müssten dann die Blätter in mühseliger Kleinarbeit von den Ästen gestreift werden, was man sich bei der Ernte von winterkahlen Ruten glücklicherweise ersparen kann.

Abgeerntete alte Kopfweide

Aus stärkeren Ästen entsteht das Hochbeetgerüst

Die Fläche, auf der das Reisigbeet errichtet werden soll, wird zunächst gründlich von jedem Bewuchs befreit. Vor allem Wurzelunkräuter, wie Giersch, Quecke oder Ackerwinde, werden tiefgründig gejätet.

Nun wird auf dem Boden die ovale Grundfläche für ein 1,50 x 0,90 m großes Beet markiert. Eine ovale Form hat sich für diese Art von Beet bewährt und sieht auch noch sehr interessant aus. Die im Schnitt gut 1,20 m langen und mindestens 3 cm starken als Stützen vorbereiteten Äste werden in einem Abstand von etwa 30 bis 40 cm mit einem Vorschlaghammer in den Boden gehauen **(Abb. 1)**. Das funktioniert am besten, wenn das dünnere Ende des Astes auf den Boden gestellt und anschließend mit dem Hammer auf das dickere Ende geschlagen wird. Sind die dünneren Enden der Äste dennoch so stark, dass sie sich nicht problemlos im Erdreich versenken lassen, muss entweder vorgegraben werden oder aber man spitzt den Ast mit einem Messer etwas an, sodass er sich einfacher in den Boden treiben lässt.

Weiden sind generell extrem austriebsfreudig. Würde man Pflöcke aus Weidenholz in Wuchsrichtung in die Erde schlagen, hätte man hier schon nach wenigen Wochen junge Bäume.

Wie ein Beet mit „lebenden" Weidenruten gebaut wird, erfährt man ab S. 65.

Doch nicht jeder will Weidenbäume im Nutzgarten züchten, sodass es nun vorerst um ein Beet gehen soll, das seinen Platz im Garten nur für einen begrenzten Zeitraum beansprucht beziehungsweise dort jederzeit wieder abgebaut werden kann. Ist dieses Beet in sich zusammengefallen oder möchte man seinen Standort verändern, wird es mit wenigen Handgriffen entfernt, sodass sein früherer Standort frei ist und wieder neu verplant werden kann. Man beginnt mit den vier Scheitelpunkten des Ovals und verteilt dann die restlichen Stäbe in möglichst gleichmäßigen Abständen entlang der Markierung. Die Pflöcke werden so tief in der Erde versenkt, dass sie alle gleichmäßig noch etwa 90 cm weit aus dem Erdreich herausragen. Ihre Oberkanten sollten eine gleichmäßige Linie bilden. Notfalls kann man sie auch anschließend noch auf eine einheitliche Länge einkürzen.

Einen „Korb" flechten

Frisch geschnittene Flechtruten müssen zunächst noch von allen Seitentrieben, vorhandenen Blättern sowie den allzu dünnen Astspitzen befreit werden.

Im Winter geschnittene und eingelagerte Ruten werden für einige Tage in Wasser eingelegt, wozu sich ein Gartenteich bestens eignet. Sind sie ausreichend weich und geschmeidig, können die Ruten nun bis zu 4 Tage lang verarbeitet werden, bevor sie wieder trocken und spröde und damit zum Flechten ungeeignet werden. Ausreichend Zeit also, um ein schönes und solides Hochbeet aus ihnen zu errichten. Um die langen Weidenruten zwischen die Pflöcke zu flechten, indem man sie immer im Wechsel innen und außen um diese herum windet, begibt man sich am besten in das Innere des Beetes und baut den Weidenkorb von unten her auf **(Abb. 2 und 3)**.

Soll trockenes Reisig für das Beet verwendet beziehungsweise mit verwendet werden, können stets mehrere dünne Äste zu schlanken Bündeln zusammengefügt werden, sodass man sie nun büschelweise zwischen die Pflöcke legen kann. Damit ein ansehnliches und stabiles Flechtwerk entsteht, ist eine gewisse handwerkliche Kunstfertigkeit notwendig. Auch der Ungeübte eignet sich diese Technik jedoch schnell an.

Die Freude an dieser erbauenden Tätigkeit stellt sich ebenfalls rasch ein. Zu sehen, wie die

Kindern unter Aufsicht sicher erlauben kann. Natürlich bleibt es der künstlerischen Freiheit überlassen, ob die Weidenwände nun in mühsamer kunstvoller Flechtarbeit entstehen oder ob man die Ruten eher lässig übereinander legt. In Anbetracht ihrer Funktion als Hochbeet ist in erster Linie die Dichtheit der Korbhülle sowie die Stabilität des Grundgerüstes von Bedeutung, damit das Beet später solide auf seinem Platz steht und nicht allzu viel Erde aus dem Beet herausfallen kann.

Die Hilfe einer zweiten Person kann beim Aufbau der geflochtenen Umhüllung des Beetes nützlich sein, indem diese die Äste außerhalb des Beetes vorsortiert und – falls trockenes Reisig verwendet wird – dieses zu Bündeln zusammenfügt und dem im Beetinneren Arbeitenden zur Verarbeitung reicht. Da viele verschiedene Arbeitsschritte nötig sind, könnten auch einige Kinder damit beauftragt werden. Die Kinder sind erfahrungsgemäß mit Feuereifer bei der Sache, wenn es ums Schneiden, Sortieren oder Flechten geht.

Vor allem der abschließende obere Rand sollte besonders eng geflochten werden, indem die Äste hier besonders eng aufeinander gelegt werden. Da die obere Schicht der Hochbeetfüllung immer aus Erde besteht, dürfen hier möglichst keine größeren Lücken vorhanden sein. Man könnte gar versuchen, den Korbrand aus besonders biegsamen Ästen zu einem Zopf zu flechten. Dazu gehört aber schon ein besonders ausgeprägtes künstlerisches Talent. Letztlich bleibt es den Bauherrn des Weiden- oder Reisigbeetes überlassen, ob das Beet auch optisch ein echter Hingucker werden oder allein sein Nutzen als zusätzliche Gemüseanbaufläche im Vordergrund stehen soll.

Jedes Weidenbeet wird auf alle Fälle ein Unikat sein, mit individuellem und unverwechselbarem Charme, und ein Schmuckstück für den Biogarten obendrein!

Hochbeetwand wächst, sowie der Anblick der bereits vollendeten Flechtarbeit entlohnt für die Mühe und spornt den oder die Arbeiter zusätzlich an. Auch Kinder können in diese Arbeit ganz wunderbar integriert werden. Sie haben eine ganz besondere Freude im Umgang mit Naturstoffen und lieben es natürlich auch, mit einer Astschere zu arbeiten, was man größeren

Hier hat viel Platz

Ist der Korb des Hochbeetes vollendet und macht er einen guten und vor allem dichten Eindruck, können Reste des verwendeten Materials gleich als erste Schicht für die Füllung des Beetes dienen **(Abb. 4)**.

Damit im Inneren nicht allzu große Hohlräume entstehen, sollte jegliches Schnittgut zuvor ein wenig in Form geschnitten werden. Beim Weidenhochbeet steht eine schnelle Verrottung des Innenlebens im Vordergrund, weniger die Bereitstellung von Lebensräumen für Tiere in Form von mehr oder weniger großen Hohlräumen, wie es in der nachfolgenden Bauanleitung eines Hochbeetes in Trockenbauweise der Fall ist. Schichtweise wird weiteres Material in das Beet gefüllt. Geschnittenes Gras gehört ebenso dazu wie auch Herbstlaub, Tiereinstreu, halb-garer Kompost sowie Küchen- oder Gartenabfälle jeglicher Art. Es kommt vor allem auf eine gute Mischung an **(Abb. 5)**! Allzu trockenes Material wird nach dem Einfüllen leicht mit Wasser überbraust.

Den Abschluss der künftigen Hochbeetfläche bildet immer eine mindestens 15 cm dicke Schicht guter Gartenerde. Im Frühling nimmt sie die Samen oder Jungpflanzen auf, welche anfangs nur diese relativ dünne Erdschicht als Raum für ihre Wurzeln zur Verfügung haben.

Im Laufe der Gartensaison können sich die Pflanzen dann mit fortschreitender Verrottung im Inneren des Hochbeetes auch in tiefere Regionen des Beetes vorwagen und finden dort statt Laub, Gras oder Kompostabfällen schon bald einen stetig ansteigenden Anteil an fruchtbarer Erde vor **(Abb. 6)**.

Damit die Erde nicht durch das Flechtwerk hindurchrutschen kann, hat es sich bewährt, das zuvor eingebrachte Füllgut an den Rändern des Beetes etwas hochzuziehen, sodass es das lückenhafte Weidengeflecht von der Innenseite her abdichtet. Der gleiche abdichtende Effekt kann ebenso mit größeren Blättern oder jeg-

licher Art von grünen Gartenabfällen erreicht werden, indem man sie an den Rändern des Weidenkorbes auslegt, bevor die Erde als abschließende Pflanzschicht eingefüllt wird. Ist dann die Erde erst einmal gut durchwurzelt, verliert sie auch ihre allzu lockere krümelige Konsistenz und wird in der Folge nicht mehr so schnell aus dem Weidenkorb herausfallen.

Zubehör für das Weidenbeet

Mit einfachen Mitteln bekommen auch kletternde Nutzpflanzen, wie Stangenbohnen, auf dem Weidenbeet ein Gerüst zum Ranken. Lange Holzstäbe werden dazu einem Zelt gleich auf die Oberfläche des Weidenbeetes gestellt. Für einen besseren Halt werden sie ein Stück weit in die Erde der Beetoberfläche gesteckt. Zusätzlich können sie am oberen Rand des Hochbeetes mit Sisalschnur festgebunden werden. Wo sich die Äste an ihren Enden überkreuzen, können sie ebenfalls – unter Zuhilfenahme einer Leiter – mit etwas Schnur stabilisiert werden **(Abb. 7)**.

Noch einfacher lässt sich das Weidenhochbeet in einen Ort zum Lagern und Trocknen von Erntegut umgestalten. Will man Kräuter, Zwiebel- oder Knoblauchzöpfe zum Trocknen aufhängen, wird das Erntegut einfach mit einer Kordel am Weidengerüst befestigt. Am einfachsten ist dies an einem der senkrechten Pflöcke des Beetgerüstes möglich. Zumindest an trockenen Tagen kann hier allerhand zum Trocknen oder Lagern aufgehängt werden.

Legt man Wert auf eine zusätzliche Abstellfläche, so eignen sich flache Bretter mit einer Mindestlänge von 1 m, die einfach quer über das Beet gelegt werden. Es entstehen waagrechte Flächen, auf denen kleine Töpfe, Werkzeug oder Samentütchen abgelegt werden können und die sich dadurch immer in greifbarer Nähe befinden.

Variante eckige Form

Nicht weniger beliebt ist auch die eckige Form eines Hochbeetes aus Reisig oder anderem holzigen Material.

An den vier Ecken sowie – gleichmäßig verteilt auch dazwischen – werden etwa alle 40 cm stabile Holzpfosten gesetzt (s. Abb. S. 57). Für eine Verwendung als Stützpfosten haben sich beständige Holzarten wie Eiche oder Robinie bewährt, welche dem Beet eine wesentlich längere Lebensdauer bescheren als weichere Holzarten, wie Weide, Birke oder Haselnuss. Die vier Seiten werden nun von unten nach oben aufgebaut, indem längere Äste von einem Eckpfosten zum nächsten gewunden werden. Sie werden immer abwechselnd innen und außen um die Pfosten gelegt, bis ein dichtes Flechtwerk entstanden ist.

Zwischendurch werden besonders flexible Flechtruten auch in einem 90-Grad-Winkel um die Ecken herumgeführt, doch ist dies nicht zwingend bei jeder der verwendeten Ruten nötig. Stärkere Äste enden somit einfach am Eckpfosten. Auf diese Weise müssen nicht alle verwendeten Äste allzu stark verbogen werden, sodass auch weniger flexible und schon stärker verholzte Hölzer für die Flechtarbeit verwendet werden können.

Es entstehen sehr solide Bauwerke, die einige Jahre im Garten verbleiben können, bis sie schließlich durch natürliche Abbauprozesse zugrunde gehen. Werden jedoch gleich mehrere Beete gebaut, stehen jederzeit einige dieser nützlichen Hochbeete als wertvolle Anbaufläche zur Verfügung.

Ausbesserungsarbeiten an Weidenbeeten

In die Jahre gekommene Weidenbeete müssen nicht zwangsläufig und gänzlich auf dem Kompost entsorgt werden. Vor allem wenn dauerhafte Hölzer, wie Eiche oder Robinie, als Stützpfosten für das Grundgerüst verarbeitet wurden, halten zumindest diese Pfosten viele Jahre lang. Es reicht demnach aus, wenn beizeiten die sehr viel kurzlebigeren Weidenruten erneuert oder teilerneuert werden, je nachdem, wie weit die Verwitterung hier schon fortgeschritten ist.

Das „lebende" Weidenbeet

Weiden können recht einfach und schnell aus Stecklingen herangezogen werden. Sie sind extrem austriebswillig. Diese Fähigkeit hat dazu geführt, dass man sie zu lebenden Tunneln, Labyrinthen, Zelten und vielem mehr formen kann. Natürlich ist auch ein Beet aus natürlich wachsenden Weiden eine mögliche Alternative für ein Weidenhochbeet.

Wer dieses plant, sollte sich jedoch darüber im Klaren sein, dass er es hier mit wahrhaft wuchsfreudigen Bäumen zu tun hat, die – einmal angewurzelt – nicht mehr danach fragen, ob und wie viel Astwerk sie jedes Jahr bilden dürfen. Die Ruten wachsen oft mehrere Meter in einer einzigen Saison. Die in den Boden gesetzten Äste bilden die Wurzeln eines Baumes und sind nach Jahren nur noch schwer wieder aus dem Erdreich zu entfernen.

Wen die hier genannten Argumente jedoch nicht abschrecken, der geht zur **Errichtung**

Natur pur im Weiden-Hochbeet

Alternativ wird lebendes Flechtwerk herangezogen.

eines Weidenhochbeetes aus lebenden Weiden wie folgt vor:

Die vorgesehene Fläche wird sorgfältig vom Wildwuchs befreit. Besonderes Augenmerk wird hierbei auf Wurzelunkräuter, wie Quecke, Winden oder Giersch, gelegt.

Im nächsten Schritt wird nun die vorgesehene Grundfläche für das spätere Hochbeet auf dem Boden markiert. Je nach Größe des Beetes sind 12, 16 oder auch 20 stärkere Äste nötig.

Die Äste werden mit ihrer dickeren Seite voran, demnach in Wuchsrichtung des Baumes, in den Boden gesetzt. 15 bis 20 cm Tiefe reichen völlig aus. Anschließend müssen die Äste gut angegossen werden.

In den folgenden Wochen muss dafür gesorgt werden, dass der Boden, in den die Weiden gepflanzt wurden, niemals ganz austrocknet. Ideal wäre natürlich ein naturfeuchter Standort, da Weiden bekanntermaßen die Nähe zu Gewässern bevorzugen.

Je nach Wetterlage treiben die Weiden schon nach einigen Wochen mit ersten frischen Trieben aus. Nun wird einfach abgewartet, bis längere Ruten aus den Bäumchen gewachsen sind. Die einzige Arbeit besteht vorerst darin, die jungen Weidenbäumchen gelegentlich zu gießen.

Vor allem seitlich wachsende Triebe eignen sich gut zum Flechten. Äste, die zu sehr nach innen oder außen wachsen, werden dagegen entfernt. Bis ein lebendes Weidenbeet seine endgültige Form erreicht hat, vergehen meist ein bis zwei Jahre, manchmal dauert es sogar noch etwas länger. Das „lebende" Weidenhochbeet ist daher nicht unbedingt etwas für ungeduldige Biogärtner, doch stellt es in jedem Fall ein spannendes Gartenexperiment dar.

Hochbeet in Trockenbauweise

Ein Vorbild für den Natur- und Artenschutz

Sonderform Hochbeet aus Naturbruchsteinen

Ein trocken aufgeschichtetes Hochbeet aus Steinen ist zwar nicht so bruchfest wie ein mit Mörtel gemauertes oder ein verschraubtes Beet aus Holz, dennoch bietet es viele Vorteile:

- Die verwendeten Steine sind quasi endlos lange haltbar.
- Das Beet kann rasch ab- und wieder aufgebaut werden.
- Es bietet interessanten Tierarten einen Lebensraum.
- Die Steine speichern die Wärme des Tages.
- Das Beet versprüht nebenbei mit rustikaler Schönheit einen ganz unverwechselbaren individuellen Charme.

Das Trockenhochbeet kann an einem Vormittag aufgestellt und ebenso schnell wieder abgebaut werden. Dies ist ein Vorteil, der vor allem dann überzeugt, wenn es sich beim genutzten Garten um ein gemietetes oder gepachtetes Stück Land handelt oder man nicht sicher ist, wie lange der Garten in seiner jetzigen Form noch genutzt werden wird. Mit einem trocken aufgebauten Hochbeet aus Stein bleibt der Gartenbesitzer flexibel und völlig frei bei seiner weiteren Gartenplanung. Für viele Gärtner ist diese Beetform daher besonders attraktiv und reizvoll.

Ein Hochbeet in Trockenbauweise wird weder verfugt noch betoniert. Die Steine werden – wie bei einer Naturstein-Trockenmauer – lose aufeinandergeschichtet. Der Bau eines Trockenhochbeetes ist mehr als einfach. Wer möchte, denkt von Anfang an auch an die tierischen Bewohner seines Gartens und plant den Einbau entsprechender Nisthilfen in die Trockenmauerwände gleich mit ein.

Größe

Das freistehende rechteckige Beet hat die Außenmaße 1,60 x 1 m und eine Höhe von 80 cm.

Material

- Beliebige rechteckige Steine in einer Größe von mindestens 24 cm Länge, 11 cm Höhe und 11 cm Tiefe.
- Einige kürzere, halbe Steine sind ebenfalls nützlich, da mit ihnen die beim Einsetzen der Nisthilfen entstandenen Lücken optimal wieder geschlossen werden können.

  Größere Steine sind generell zu bevorzugen. Die Tiefe der Steine ist nicht nur für die Standfestigkeit der Mauer von Bedeutung, sie sorgt auch für eine ausreichend große Auflagefläche der Nisthifen. Wie viele Steine man pro verbautem Quadratmeter benötigt, kann im Fachhandel erfragt oder selbst errechnet werden. Sollte man zu viele Steine besorgt haben, ist das weniger dramatisch, als hätte man zu wenige, da die überzähligen Steine für zahlreiche weitere Steinprojekte im Garten verwendet werden können.
- Nistkästen, Insektennistblöcke, Lochziegel und Niststeine jeglicher Art in rechteckigen Formen; runde Formen sind ebenfalls möglich, erfordern aber etwas mehr Geschick beim Einbau.
- Unkrautvlies
- 1 Gehwegplatte aus Beton in der Größe 40 x 40 cm

Kosten

Steine zum Mauern gibt es recht günstig im Baustoffhandel. Als weitere Beschaffungsquellen wären Internetbörsen, Zeitungsanzeigen oder Aushänge in Geschäften zu nennen.

Wer aufmerksam ist und die Augen offen hält, kommt in manchen Fällen günstig an das benötigte Material und muss nur im richtigen Augenblick am richtigen Ort sein, um dann nur noch zuzugreifen.

Gelegentlich liegen Steine sogar als Restposten vom Hausbau in Nachbars Garten und dieser ist vielleicht froh, wenn er die nicht mehr benötigten Baustoffe loswerden kann.

Hier gilt in jedem Fall: Fragen kostet nichts.

Auch behauene Natursteine können zu einem Trockenhochbeet verbaut werden, allerdings sind die Kosten für diese edlen und in Form gebrachten Steinbrocken um einiges höher als einfache Mauersteine aus dem Baumarkt.

Inzwischen hält der Baustoff-Fachhandel ganze Systeme an Steintypen bereit, welche in vielen verschiedenen Formen und Musterungen erhältlich sind.

Dabei handelt es sich meist um eingefärbte Betonsteine mit unterschiedlichen Zusätzen, wie etwa Sand, Splitt oder Steingranulate.

Spielen die Kosten keine große Rolle, sind hier wunderschöne Kreationen mit einer sehr natürlich wirkenden Optik möglich. Schwere Steine mit einer großen Tiefe sind für dieses Bauprojekt eindeutig zu bevorzugen. Sie halten dem Erddruck aus dem Inneren des Beetes stand und bewirken schon allein durch ihr Gewicht, dass hier später nichts mehr verrutschen kann.

Bauweise

Auf ebenem Untergrund wird zunächst der Grundriss eines Beetes markiert.

Auf der Nordseite der Hochbeetfläche wird eine kleine Kröten- oder Igelhöhle ausgehoben.

Neuanlage eines Trockenmauer-Hochbeetes
mit integrierten Insektennisthilfen

Pflanzen erobern die Steinwände.

Anschließend wird auf der gesamten Fläche ein Unkrautvlies verlegt.

Die erste Steinreihe wird entlang der Markierung auf eine dünne Drainageschicht verlegt, die Vertiefung für Igel oder Kröten mit Steinen eingefasst und obenauf mit einer Betonplatte abgedeckt.

Unter Vermeidung von Kreuzfugen wird anschließend eine 80 cm hohe Trockenmauerwand aufgeschichtet.

Dabei können diverse Nisthilfen geschickt in das Mauerwerk eingefügt und gegebenenfalls mit Stroh, Holzwolle oder Halmen stabilisiert werden.

Benötigtes Werkzeug
- gute Arbeitshandschuhe
- Schaufel
- Schubkarre
- Gummihammer
- eventuell ein Rüttelstampfer

Anzahl der Personen
1 Person

Ausführung

Die für dieses Bauvorhaben benötigten Steine sind normalerweise von einer Person gut zu handhaben, sodass ein Hochbeet in Trockenbauweise auch sehr gut im Alleingang aufgebaut werden kann.

Zunächst wird auf dem Boden der Grundriss des Hochbeetes mit seinen äußeren Begrenzungen von 1,60 x 1 m markiert. Dort, wo die erste Reihe Steine verlegt werden soll, wird das Erdreich in der Breite der Steine – zuzüglich 5 cm auf jeder Seite – etwa 5 cm tief ausgehoben (= Höhe der Drainageschicht). Am nördlichen Rand der Beetfläche wird eine kleine etwa 15 cm tiefe und 40 x 40 cm große Vertiefung gegraben, welche später als Igel- oder Krötenbehausung dienen könnte. Diese Grube wird so platziert, dass sie sich ganz am äußeren Rand befindet und von dort aus 40 cm weit ins Innere des Beetes hineinragt.

Vlies widersteht den Unkrautwurzeln
Ist der Untergrund mit Wurzelunkräutern, wie Ackerwinde, Giersch, Quecke oder Schachtelhalm, bewachsen, ist das Verlegen eines entsprechenden Unkrautvlieses sinnvoll.

Dieses wird auf Maß zugeschnitten, auf der gesamten ausgehobenen Fläche sowie noch etwa 10 cm darüber hinaus ausgelegt und mit einer dünnen Sand- oder Kiesschicht beschwert.

Dort, wo die Igel- oder Krötenhöhle ausgehoben wurde, wird das Vlies ausgespart.

Ist eine Drainage notwendig?
Eine Drainage kann auch bei einem relativ kleinen Bauvorhaben, wie es das Trockenmauerhochbeet darstellt, nicht schaden. Allerdings ist eine aufwändige Drainage in Form eines tief reichenden Kies- oder Schotterbettes nicht zwingend erforderlich. Bei normal durchlässigem Untergrund reicht es völlig aus, die unterste

Steinreihe in eine dünne, etwa 5 cm starke Schicht Sand oder feinen Kies zu verlegen. Damit können kleine Erdunebenheiten ausgeglichen werden. Regenwasser wird in dieser Drainageschicht besonders leicht ablaufen. Dennoch ist darauf zu achten, dass der Boden im Bereich des Hochbeetes aus gewachsenem, gut verfestigtem Erdreich besteht.

Erdreich verfestigen

Falls hier Erdreich erst kürzlich aufgebracht wurde, wie es bei Gartenneuanlagen häufig vorkommt, sollte der Untergrund zuvor mit einem Hand- oder Rüttelstampfer bearbeitet werden. Im Fachhandel oder beim Geräteverleih kann ein motorbetriebenes Gerät für einen Tag entliehen werden.

Möchte man diese Arbeit manuell erledigen, wird hier am besten mit einem flachen Stein oder mit gehärtetem Zement gearbeitet.

Ein einfacher Handstampfer ist leicht selbst herzustellen, indem ein längerer Haltegriff aus Metall (z.B. ein Moniereisen) in einen Eimer mit angerührtem Zement gestellt wird. Der Stiel muss unbedingt genau senkrecht im Zement aushärten. Gegebenenfalls muss dies während des Aushärtens korrigiert werden. Der Eimer sollte nur zur Hälfte gefüllt werden, da der Handstampfer sonst zu schwer wird.

Ein Nistplatz für Igel oder Kröte

Die unterirdische Höhle für Kröten oder Igel wurde bereits ausgehoben. Der Zugang zu diesem Hohlraum, der gerne auch von Erdhummeln bezogen wird, erfolgt später über eine Lücke im Mauerwerk der untersten Steinreihe. Diese Lücke sollte mindestens 12 cm breit

Alte Tonziegel harmonieren mit jeder Pflanze.

sein, damit ein Igel ungehindert ein- und ausgehen kann. Die Höhe des Eingangs ergibt sich automatisch durch die Höhe der verwendeten Steine.

In die ausgehobene Vertiefung hinein werden einige Steine an die Ränder gelegt. Es darf sich gerne auch um schlankere Steine handeln als die für den Beetbau verwendeten, da diese ja später nicht mehr sichtbar sind und sie lediglich dazu dienen, auf ihnen die 40 x 40 cm große Gehwegplatte aus Beton als Abdeckung der Höhle aufzulegen.

In der Mitte dieser Vertiefung bleibt ein ausreichend großer Hohlraum bestehen, damit Kröte, Igel und Co. ein warmes und sicheres Plätzchen vorfinden. Es hat sich gezeigt, dass auch Mäuse diese Erdhöhlen gerne als Behausung für den Winter nutzen. Auch über diese Gäste sollte der Hochbeetgärtner erfreut sein!

Ist der Winter vorüber und die Mäuse längst wieder ausgezogen, ziehen mit Vorliebe Hummelköniginnen in die verlassenen Mäusenester ein, um hier ihren Staat zu gründen.

So sieht die im Beetinneren platzierte Igel- und Krötenhöhle aus!

Auch Zauneidechsen benutzen diese Höhlen als Unterschlupf.

Und so sollte es doch eigentlich sein: Eine Art profitiert von der anderen. Mehrere Arten bilden bestenfalls sogar gut funktionierende Symbiosen. Wie schön, wenn wir dieses Wechselspiel erkennen, beobachten und uns daran erfreuen können!

Neigungswinkel – ja oder nein?

Die Erdmasse im Inneren eines Hochbeetes dieser Größe hält sich in Grenzen, sodass auch der Erddruck auf die Hochbeetwände in einem vertretbaren Rahmen bleibt und daher nicht mit Schäden am Mauerwerk zu rechnen ist. Auf einen Anlauf (Neigungswinkel) des Gemäuers kann daher ebenfalls verzichtet werden. Die Hochbeetumrandung wird demnach in lotrechter (senkrechter) Bauweise errichtet. Das ermöglicht auch einen bequemeren Zugriff auf die Beetfläche.

Bei größeren Beeten sorgt eine größere Mauerstärke (Tiefe) für mehr Stabilität.

Man könnte also auch sagen, dass die Mauertiefe (= Tiefe der verwendeten Steine) proportional zur Hochbeetgröße ansteigen sollte! Mehr als 20 cm Mauertiefe sind aber in aller Regel auch bei größeren Hochbeeten nicht erforderlich.

Das Einsetzen von Nisthilfen

Während des Aufbaus der Hochbeetumrandung können eine ganze Reihe von Nisthilfen in die Beetwände integriert werden.

Wilde Bienen freuen sich über angebohrte Hartholzscheiben oder -klötze. Mit Holzbohrern unterschiedlicher Stärke werden mit Hilfe einer Bohrmaschine Löcher in einer Tiefe von etwa zwei bis acht Zentimetern in das Holz gebohrt.

Zu **Hartholz** gehören folgende Holzarten:
- Buche
- Nussbaum (Walnuss)
- Ulme
- Esche
- Eiche
- Ahorn

Weiche Hölzer dagegen, wie etwa Fichte oder Kiefer, sind für die Verwendung als Nistholz für Wildbienen eher ungeeignet.

> **Wichtig!**
>
> **Die Nisthilfen aus Holz sollten auf ihren Rückseiten mit Folie umwickelt werden, um vor Feuchtigkeit geschützt zu sein.**

Hohle Schilfhalme sind beliebte Nisthilfen für solitär lebende Bienen und Wespen.

In Tonziegel gebohrte Löcher dienen als Niströhre für seltene Wildbienenarten!

Auch hohle Stängel von Holunder, Himbeere oder Sommerflieder dienen vielen Wildbienenarten als Nistplatz. Den gleichen Effekt haben auch Strohhalme oder in Form geschnittene Matten aus Reet.

Wildbienen

Solitär lebende Wildbienen bilden keine Staaten, wie wir es von der Honigbiene kennen. Viele von ihnen legen ihre Eier in so genannten Niströhren ab, in die sie zuvor einen Nahrungsvorrat in Form von Pollen oder Nektar eingebracht haben. Von diesem Vorrat zehrt die aus dem Ei geschlüpfte Made. Sie wächst heran und verpuppt sich schließlich, um häufig erst im nächsten Frühjahr zu schlüpfen.

In Mitteleuropa leben etwa 1.000 Wildbienenarten, wozu auch die Hummeln gezählt werden.

Auch solitäre Wespen nisten häufig in einer Niströhre. Manche von ihnen bringen getötete Insekten oder Spinnen als Nahrungsvorrat für ihre Nachkommen in die Röhre ein.

Eine Niströhre besteht meist aus mehreren Kammern, die mit einer Zwischenwand voneinander getrennt werden. Nach außen hin wird die letzte Kammer ebenfalls gut verschlossen.

Geschlüpft wird später in umgekehrter Reihenfolge: Wer zuletzt kam, schlüpft als erster!

Die hohlen oder markhaltigen Stängel sowie Halme aus Stroh oder Reet werden auf eine einheitliche Länge geschnitten und gebündelt. Nun werden diese Bündel in eine vorhandene Mauerlücke eingebracht oder in die Hohlräume eines Lochziegels gesteckt. Auch leere Blechdosen können als Behältnis für Stängel und Halme dienen. Es ist stets darauf zu achten, dass die Stängel einen festen Halt haben. Um dies zu überprüfen, wird vorsichtig an den einzelnen Halmen gezogen. Sind sie lose, müssen unbedingt weitere Halme dazwischengesteckt werden, da sie sonst leicht von neugierigen Vögeln auf Futtersuche wieder herausgezupft werden. Diese wissen nämlich nur zu gut, dass in den mit Lehm verschlossenen Stängeln nahrhafte Leckereien auf sie warten.

Selbst Vogelnistkästen oder -nischen finden gelegentlich einen Platz in einer Hochbeeteinfassung. Man sollte jedoch darauf achten, dass Katzen oder Marder hier keinen Zugriff haben. Im Fachhandel werden bereits entsprechende Nistkästen mit integriertem Marderschutz angeboten, die auf Grund der niedrigen Einbauhöhe in einem Hochbeet sehr sinnvoll

In einer einzigen Baumscheibe aus Hartholz finden unzählige Insekten ein Zuhause.

sind. Weiters können Nisthilfen für Fledermäuse, Marienkäfer oder Ohrwürmer in die Mauer eingesetzt werden.

Tonhaltige Ziegel lassen sich auf Grund ihrer rechteckigen Form besonders gut in das Mauerwerk des Hochbeetes einsetzen. Mit einer Bohrmaschine werden viele unterschiedlich große und tiefe Löcher hineingebohrt. Die Ziegel locken wieder andere auf Lehm oder Ton spezialisierte Tiere an.

Natürlich darf man das Einsetzen der Nisthilfen nicht derart übertreiben, dass die Stabilität der Hochbeetwand beeinträchtigt wird. Einige wenige sollten pro Hochbeetwand ausreichen. Schließlich möchte man auch noch am Beet arbeiten, wobei ständig anfliegende Insekten schon hinderlich sein können, wenngleich Wildbienen und auch solitäre Wespen völlig friedfertige Tiere sind. Viele von ihnen besitzen nicht einmal einen Stachel!

Durch entsprechende Hohlräume im Inneren des Hochbeetes werden weitere Tiere angezogen. Eidechsen lieben die von der Sonne aufgeheizten Steine, nutzen diese für ein Sonnenbad und nisten gerne in den kleinen Hohlräumen. Ebenso siedeln sich Hummeln und viele andere Insekten oder Spinnen darin an.

Diese Hohlräume entstehen im Inneren des Beetes, indem größere Steine und/oder Baum-

Nisthilfe	Tierische Bewohner
Nistholz mit Bohrlöchern	solitäre Wildbienen, solitäre Wespen, Spinnen
Nisthalme, hohl oder markhaltig	solitäre Wildbienen, solitäre Wespen, Spinnen
Lehmziegel mit Bohrlöchern	solitäre Wildbienen, solitäre Wespen, Spinnen
unterirdischer Hohlraum mit Abdeckung	Kröte, Igel, Mäuse, Erdhummeln
kleinere Hohlräume, Mauerspalten	Spinnen, Eidechsen, Schmetterlinge (Winter), Gehäuseschnecken, Florfliegen (Winter), Käfer
größere Hohlräume in der Mauer	Hummeln, Rotschwänzchen, Rotkehlchen, Spitzmäuse, Feldmäuse (Winter), Schlangen
Holzwolle, Laub	Marienkäfer, Ohrwürmer, Kellerasseln u. a.

stümpfe als unterste Schicht in das Beet eingebracht werden. Die weiteren Schichten der Füllung werden einfach darüber verteilt, sodass immer noch eine ausreichende Menge an fruchtbarem Substrat für die Pflanzen des Hochbeetes zur Verfügung steht. Von außen sollte auf einen Zugang zu diesen Hohlräumen geachtet werden. Kleine Zwischenräume im Mauerwerk sind jedoch schon ausreichend.

Auf zu viele und zu große Lücken sollte generell verzichtet werden! Problematisch sind kreisrunde Hartholzscheiben. Hier entstehen automatisch Lücken, die mit Holzwolle oder trockenem Laub ausgefüllt werden sollen. Dieses Material dient auch zur Stabilisierung der runden Nisthilfe an ihrem Standort. Im trockenen Laub verstecken sich Marienkäfer, Ohrwürmer, Kellerasseln und viele andere Insekten sowie natürlich Spinnen.

Es macht nicht nur Kindern sehr viel Freude, Tiere im Garten zu beobachten. Ein trocken aufgeschichtetes Hochbeet aus Stein kann hier einen wertvollen Beitrag leisten.

Wichtig!

Den Artenschutz bitte nicht übertreiben!
Die Stabilität des Mauerwerkes sollte weiterhin im Mittelpunkt des Bauvorhabens stehen.
Es reicht aus, einige wenige Nistgelegenheiten in die Hochbeetwände zu integrieren.
Viele Tierarten siedeln sich auch völlig ohne unser Zutun an!

Blühender Lavendel und Naturstein bilden ein optisches Traum-Duo (oben). Gelegentlich bauen sogar Vögel ihre Nester in Mauernischen (unten).

Sonderform Hochbeete aus Naturbruchsteinen

Will man die Wände des Hochbeetes mit natürlich geformten Bruchsteinen aus einem Steinbruch bauen, so ist für die Seitenwände immer ein gewisses Gefälle, die so genannte Dossierung oder der Anlauf nötig. Die leichte Neigung von mindestens 5 Prozent gewährleistet die Standhaftigkeit eines Trockenmauerhochbeetes aus Naturbruchsteinen. Gut gebaute Trockenmauern können viele Jahrzehnte überdauern!

Das Aufschichten einer Trockenmauer aus Bruchsteinen, die in diesem Fall die Begrenzung für ein Hochbeet bildet, benötigt schon ein wenig Übung beziehungsweise handwerkliches Geschick. Die Steine werden so eingesetzt, dass sie zu ihren jeweiligen Nachbarn passen. Es muss also viel sortiert und ausprobiert werden, bis sich ein Stein harmonisch in das Gesamtgefüge der Mauer einfügt. Die größten Steine kommen nach unten. Nach

oben hin darf die Mauer dann schmäler werden.

Für die Ecken muss besonders viel Sorgfalt aufgewendet werden, denn hier sollte die Mauer besonders solide verbaut sein. Es hat sich bewährt, mit den Ecksteinen zu beginnen und von dort aus die vier Mauerlängsseiten aufzubauen.

In eine Natursteintrockenmauer können wenige kleinere Nisthilfen, wie etwa mit Halmen gefüllte Dosen oder kleinere mit Bohrlöchern versehende Nistblöcke aus Holz, eingesetzt werden.

Durch die natürlich entstandenen Lücken und Spalten im Mauerwerk werden automatisch zahlreiche Tierarten eingeladen, hier eine solide Wohnung im Stein zu beziehen. Zu ihnen gehören Eidechsen, Spinnen, Gehäuseschnecken, Marienkäfer und viele andere.

Kleines Hochbeet für den Balkon
(in variabler Höhe)

Auch Balkongärtner müssen nicht auf schöne Hochbeete verzichten.

Die Hochbeetgärtnerei zeichnet sich unter anderem gerade durch ihre Vielseitigkeit aus.

Der Kreativität sind bei der Umsetzung außergewöhnlicher Hochbeetideen keine Grenzen gesetzt. Auf dem Balkon sind platzsparende Beete nötig, die dennoch eine bequeme Arbeitshöhe bieten und die Pflanzen durch ihre erhöhte Platzierung noch besser in den Blickpunkt rücken. Zusätzlich besteht häufig der Wunsch nach einer individuellen Gestaltung des Balkons, die auch optisch reizvoll ins Bild passt und sich harmonisch einfügt.

Individuelle Lösungen für das Hochbeet sind also gefragt. Der hier dargelegte Vorschlag für ein rechteckiges Hochbeet in Holzoptik passt sich durch das verwendete schlichte Material vielen verschiedenen Einrichtungsstilen an. Hier kann die Höhe des Beetes frei variiert werden.

Größe
rechteckiges Beet für den kleinen bis mittelgroßen Balkon in variabler Höhe

Zauberhaft bepflanztes Hochbeet, welches als Stütze für einen Hang angelegt wurde

Material
- rechteckiger großer Kübel aus Plastik (Maurerkübel) ohne Ausbuchtungen für Tragegriffe
- druckimprägnierte Kanthölzer (Fichte oder Kiefer), 50 x 50 mm; die Länge und Anzahl der Hölzer richtet sich nach der Größe des verwendeten Kübels sowie nach der gewünschten Gesamthöhe des Beetes.
- gelochter Winkelstahl (verzinkt), ab 30 x 30 mm, als Leiste in der Länge von 2,50 m
- 3 weitere Kanthölzer in der Länge der kürzeren Kübelseite abzüglich 5 cm
- 6 stabile gelochte Winkel aus Metall, Mindeststärke 3 mm
- etwa 140 Holzschrauben 3,5 x 40 mm, Kreuzkopf oder Torx

Ein kleines „Eck-Balkonbeet" passt immer.

Bauweise
Versetzt angeordnete Kanthölzer werden an den vier Ecken von innen an eine durchgehende Winkelleiste aus Stahl geschraubt. Anschließend wird ein rechteckiger Plastikkübel auf Querbalken aufgesetzt, die zuvor mit Hilfe von Winkeln aus Stahl auf der Innenseite des Holzkastens angeschraubt wurden.

Benötigtes Werkzeug:
- Holzsäge (Fuchsschwanz) und Metallsäge
- Bohrmaschine oder Akku-Schrauber
- Flachfeile für Metall

Anzahl der Personen
1 Person

Ausführung
Zunächst werden die Kanthölzer zugeschnitten. Ihre Länge richtet sich nach der Größe des Kübels (von oben gemessen).

Beispiel:
Hat der Kübel an seinem oberen Rand die Maße 67 x 42 cm, werden – bedingt durch die ineinander verschachtelte Bauweise – Kanthölzer in jeweils 72 cm beziehungsweise 47 cm benötigt.

Wie viele Hölzer man schließlich übereinanderlegt, hängt davon ab, wie hoch das Beet schließlich werden soll. Ist etwa eine Höhe von 70 cm erwünscht, werden 28 Hölzer für die lange und 28 Hölzer für die kurze Beetseite zugeschnitten. Das sind 14 Hölzer für jede der vier Beetseiten. Es wird nun ein rechteckiger Kasten aufgesetzt, zunächst noch lose, indem die Kanthölzer mit ihren Enden immer versetzt übereinandergelegt werden, bis die gewünschte Höhe des Beetes erreicht ist.

Die gelochte Winkelleiste von 2,50 m Länge wird nun mit einer Metallsäge in vier Stücke gesägt, wobei die Länge der einzelnen Stücke in etwa der Höhe des Beetes entspricht. Die Winkel dürfen auch einen Zentimeter kürzer als die Höhe des Beetes ausfallen, damit sie nur knapp bis unter die Oberkante des Hochbeetes reichen. Damit keine Verletzungsgefahr entsteht, werden kantige Enden mit einer Metallfeile entgratet.

Die Winkelleisten werden nun auf der Innenseite des Kastens in den Ecken eingesetzt und mit Schrauben beidseits am Holz befestigt. Ein fest verschraubter solider Kasten ist entstanden!

Um den Plastikkübel einsetzen zu können, muss eine erhöhte Auflagefläche im Inneren des Kastens entstehen.

Je nachdem, wie hoch der Pflanzkübel ist, werden drei Querleisten mit Hilfe von insgesamt 6 Winkeln angebracht, sodass man den Kübel bequem dort hineinstellen kann. Der obere Rand sollte dabei bis knapp unter die Oberkante des Hochbeetkastens reichen. Unter den drei Querhölzern befindet sich dagegen nur Luft, was von außen jedoch nicht erkennbar ist.

Es ist eine bequeme Arbeitshöhe entstanden, ohne dass die Hochbeetfüllung zu üppig ausfällt, da diese lediglich aus dem Volumen des verwendeten Kübels besteht.

Damit Wasser notfalls aus dem Kübel abfließen kann, werden mit einer Bohrmaschine entweder auf dem Kübelgrund oder an den Seiten in etwa 5 cm Höhe einige Löcher gebohrt.

Am besten füllt man hier Kies oder ein anderes Drainagematerial in einer Stärke von 5 cm ein. Wurde versehentlich zu viel Wasser eingefüllt oder nach starken Regenfällen (bei einem nach oben hin offenen Balkon), kann das überschüssige Wasser nun ungehindert ablaufen.

Befinden sich die Abzugslöcher erst in etwa 5 cm Höhe, so kann sich im eingefüllten Kies ein kleines Wasserreservoir bilden, das an heißen Sommertagen als wertvoller Speicher dient, aus dem sich auf dem Beet wachsende

Pflanzen gerne bedienen werden. So überlebt das Beet auch kurzzeitige Abwesenheitszeiten der Balkonbesitzer.

Zubehör für das Balkonhochbeet

Da auf dem Balkon meist wenig Platz vorhanden ist beziehungsweise der vorhandene Platz normalerweise sparsam aufgeteilt werden muss, stellt ein bewegliches Hochbeet eine praktische Alternative zu einem Beet dar, welchem ein fester Standort zugewiesen wird.

Durch vier kleine Räder, die man von unten an den vier Ecken des Holzkastens anschraubt, kann das Beet nun seinen Platz wechseln.

Genagelte Bauweise für ein Weichholz-Hochbeet (oben)
Mit vier einfachen Kunststoffrollen wird das Balkonbeet mobil. (unten)

Fertigbausätze & Fertighochbeete

Interessant sind auch im Handel erhältliche Bausätze sowie Hochbeete, die einfach nur aufgestellt werden müssen. Die Qual der Wahl hat man hier bei Preis und Ausführung.

Von Holz über Plastik bis hin zu Edelstahl gibt es Hochbeete in vielerlei Materialien sowie zahlreichen verschiedenen Stilrichtungen.

Natürlich kann ein von der Industrie bereitgestelltes Fertigprodukt in Sachen Individualität nicht mit einer selbst entworfenen Konstruktion mithalten. Für Menschen mit wenig Zeit oder handwerklichem Geschick kann diese Alternative dennoch interessant sein. Selbstverständlich gelangt der Gärtner auch bei der Nutzung eines Fertighochbeetes in den Genuss der bereits genannten Vorzüge, die jedes Hochbeet mit sich bringt.

Nur wenige Nachteile

Dass Hochbeete aller Arten an Beliebtheit zunehmen, liegt sicher auch daran, dass sie so enorm viele Vorteile bieten, ihre Nachteile dagegen verschwindend gering ausfallen.

Natürlich muss Material zum Bau des Beetes angeschafft werden. Durch eine entsprechende Auswahl des Baumaterials kann hier allerdings auf die Höhe der Kosten Einfluss genommen werden. Notfalls kann sogar bereits vorhandenes Material mit ein wenig Fantasie und Geschick in ein schönes Hochbeet verwandelt werden. Der relativ hohe Arbeitsaufwand für ein selbst gebautes Hochbeet wird einen leidenschaftlichen Gärtner kaum abschrecken.

Mit wenig handwerklichem Geschick und möglicherweise noch einigen helfenden Händen könnte der Bau des Hochbeetes sogar zu einem schönen geselligen Ereignis werden.

Erhöhter Wasserbedarf

Unbestritten ist der erhöhte Wasserbedarf von Pflanzen, die in Hochbeeten kultiviert werden.

Sie sind an ihrem erhöhten Standort einer generell höheren Verdunstung ausgesetzt. Das geschieht einerseits durch die freistehenden Außenwände, die der Witterung ungeschützt ausgeliefert sind, sowie durch das lockere Substrat im Inneren des Beetes.

Freistehende Wände des Hochbeetes bieten Sonne und Wind eine hohe Angriffsfläche. Die Pflanzengemeinschaften, die hier wachsen, bilden daher ein empfindliches System, das auf keinen Fall sich selbst überlassen werden kann. Kontinuierliche Aufmerksamkeit und Pflege, vor allem in Form von regelmäßiger Wasserzufuhr, sind unbedingt erforderlich.

Zwar fördert gut durchlässige, lockere Erde die Durchlüftung und damit durchaus auch das Wachstum der Pflanzen, doch hat das Wurzelwerk dabei eine weniger starke Verbindung zum Erdreich, als es in einem festen, gewachsenen Boden der Fall wäre. Das Wasser läuft leichter ab, das Substrat trocknet in der Folge also auch schneller wieder aus.

Abhilfe

- An heißen, trockenen Tagen muss sehr regelmäßig und durchdringend gewässert werden.
- Eine dünne Mulchschicht verhindert die allzu rasche Verdunstung von Feuchtigkeit über die Beetoberfläche.
- Zur Beschattung können überhängende Pflanzen auf die Südseite des Beetes gesetzt oder hohe schmale Pflanzen vor die Beet-

Platzsparende Beete aus Kunststoff werden von vielen Bau- und Gartencentern angeboten.

Wer es eilig hat, entscheidet sich für ein Hochbeet „von der Stange".

Hochbeetpflanzen brauchen viel   *Die Beetmasse beginnt zu schrumpfen.*
Wasser, vor allem an heißen Tagen.

wände gepflanzt werden, die den Zugang
zum Beet jedoch nicht behindern dürfen.

Schrumpfende Beetmasse

Ein Problem beim Gärtnern an Hochbeeten
kann auch das Absinken der Beetoberfläche
schon während der Wachstumsphase werden.

Wurde zum Befüllen überwiegend verrot-
tungsfähiges Material, wie Äste, Grünabfälle
und halbgarer Kompost, verwendet, laufen die
Abbauprozesse im Inneren des Beetes so lange
auf Hochtouren, bis sich die Grünmasse zu
einem Großteil in fruchtbare Erde verwandelt
hat.

Durch derartige Verwandlungsprozesse
nimmt das Volumen der Hochbeetfüllung vor
allem im ersten Jahr der Nutzung stark ab. In
der Folge sinkt das Beetinnere nach unten ab.

Abhilfe

■ Es sollte zwischendurch immer wieder mit
Erde aufgefüllt werden. Selbstverständlich
kann Erde nur in dem Umfang hinzugegeben

werden, wie auf dem Beet wachsende Pflanzen keinen Schaden nehmen.

■ Alternativ zu einer zu 100 Prozent abbau-
baren Füllung kann das Beet zum Teil mit anorganischem Material befüllt werden, wozu
Steine, Splitt, Kies oder Schotter gehören.
Erst darüber werden Grünabfälle und als
Abschluss eine Schicht gute Pflanzerde gefüllt. Durch die verringerte organische
Masse reduzieren sich die Abbauprozesse
im Inneren des Beetes und in der Folge auch
das Absinken der Beetoberfläche im Laufe
der Gartensaison.

■ Das Beet wird schrittweise befüllt. Zwischen
jeder neuen Lage wird abgewartet, bis sich
die eingefüllte Masse deutlich abgesenkt
hat. Dann erfolgt die jeweils nächste
Schicht. Vor dem endgültigen Bepflanzen
wird wiederum 14 Tage gewartet, das Material währenddessen gut feucht – nicht nass
– gehalten und vor Inbetriebnahme des
Beetes ein letztes Mal mit Erde aufgefüllt.

Besondere Hochbeete mit Tradition

Kräuterspirale, Kräuterwurm und Schlüssellochgärten

Nicht nur im privaten Grün, sondern und gerade auch in naturnah gestalteten und gemeinschaftlich genutzten Gärten, zu denen Schulgärten, die Gärten von Altenheimen, Kindertagesstätten oder Jugendzentren und viele andere Gärten gehören, hat sich die Nutzung von höher gelegten Beetflächen sehr bewährt. Dort sind die Pflanzen vor spielenden Kindern weitgehend sicher und geschützt.

Schon der Bau eines Hochbeetes, einer Kräuterspirale oder gar eines langen Kräuterwurms, der sich durch das Gelände windet, wird zum spannenden Ereignis, welches den Zusammenhalt der späteren Nutzer des Gartens fördern kann. Ein Gartenprojekt, das unter Mithilfe von Kindern und Jugendlichen realisiert wurde, wird auch später bei seiner Nutzung, viele begeisterte Helfer haben, da durch die aktive Mitgestaltung am Bau des Beetes ein direkter Bezug zur späteren Arbeit daran hergestellt worden ist.

In Altenheimen werden die Pflanzen den Heimbewohnern wieder erlebbar gemacht, wenn sie ihnen durch ihre erhöhten Standorte auf Hochbeeten schon hilfreich entgegenkommen.

Die Kräuterspirale

Der Beetaufbau einer Kräuterspirale beginnt zwar am Boden, doch winden sich die schmalen Anbauflächen von dort aus spiralig um eine Mittelachse herum aufwärts, um in einer runden Pflanzfläche auf dem Gipfel der Spirale zu enden.

Bei der aus der **Permakultur** stammenden Kräuterspirale handelt es sich daher um eine weitere Form eines Hochbeetes. Manchmal befindet sich sogar ein kleiner Teich im Sockelbereich der **Kräuterschnecke**, wie diese Beetform gelegentlich auch genannt wird.

Den Windungen eines Schneckenhauses nachempfunden wird mit Steinen beliebiger Art gearbeitet, die um eine Achse herum kreisförmig als Spirale verbaut werden, sodass eine Pflanzfläche entsteht, die sich wie ein kleiner Weg zur Spitze der Spirale hinaufschlängelt.

Aufgefüllt wird dieses spiralige Gerüst in seinem Inneren – schon während des Baus – mit Schutt, Kompost, Erde und Sand.

Die Grundidee der Kräuterspirale war, hier möglichst viele Kräuter auf möglichst kleinem Raum wachsen zu lassen. Das Besondere an die-

ser Beetform ist außerdem das Vorhandensein grundverschiedener Wachstumszonen. Vom Feuchtbereich mit einem kleinen Teich über frischen Gartenboden bis hin zum steinigen, sehr trockenen Boden auf dem höchsten Punkt der Spirale ist hier beinahe alles an Standortgegebenheiten vorhanden, was eine üppige Pflanzen- beziehungsweise Kräutervielfalt benötigt.

Hinzu kommt die unterschiedliche Lage einzelner Beetabschnitte, die der Sonne entweder zu- oder abgewandt sein können und sich im Extremfall entweder im kühlen Norden oder aber im heißen Süden der Spirale befinden. Dementsprechend abwechslungsreich kann daher auch die Bepflanzung einer Kräuterspirale ausfallen. Um möglichst vielfältig bestückt werden zu können, sollte die Spirale eine Mindestgröße von 2 bis 3 m Durchmesser haben. Nach oben hin gibt es keine Grenze. Sogar begehbare Kräuterspiralen sind möglich, die ihre Besucher sanft und im Kreis herum auf schmalen Pfaden aufwärts und unterwegs mit duftigen Kräutern in Hülle und Fülle an der Nase herumführen.

Der Kräuterwurm

Ein Beet, das sich wie eine Schlange durch den Garten windet und daher **Kräuterschlange** oder Kräuterwurm genannt wird, zieht in jedem Fall auch die Aufmerksamkeit und Bewunderung des Betrachters auf sich.

Allzu auffällig erhebt sich das als doppelwandige Trockenmauer konzipierte Hochbeet über dem Gelände, bildet enge oder weitere Bögen und birgt dazu einen reichen Pflanzenschatz auf seiner Krone sowie zum Teil auch in den Fugen und Spalten der zum Bau verwendeten Steine. Am schönsten sind Kräuterschlangen, die trocken mit Naturbruchsteinen

aufgebaut wurden. Dafür werden Steine aus der Region verwendet, die man entweder aus einem nahen Steinbruch oder aber vom Baustoff- oder Natursteinhändler bezieht.

Ein freistehender Kräuterwurm will gut geplant sein.

Eine Drainage sorgt für sicheren Stand sowie Haltbarkeit

Zunächst wird der Erdboden auf der geplanten Grundfläche des Beetes etwa 15 cm tief ausgehoben, um anschließend eine Drainage in Form von Splitt, Schotter oder Kies in die Vertiefung

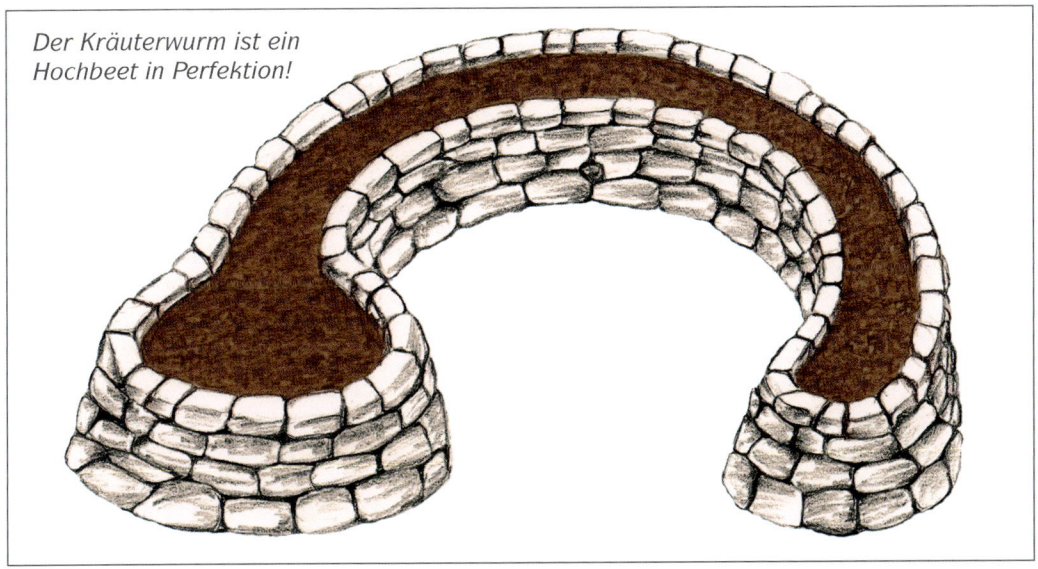

Der Kräuterwurm ist ein Hochbeet in Perfektion!

einbringen zu können. Nimmt man eine Beetbreite von etwa 70 cm an und plant einen Anlauf von 10 Prozent, so kommt man insgesamt auf eine **Breite** von **etwa 1,60 m**, die der auszuhebende **Graben** haben sollte. Diese Breite ergibt sich aus der Tiefe der beiden Trockenmauern, dem Beetinnenraum sowie einer Zugabe von etwa 10 cm auf beiden Seiten des Wurms.

Die Länge der flachen Grube ergibt sich aus dem vorhandenen Platz sowie den Wünschen der Kräuterwurmgärtner. Da ein Wurm oder gar eine Schlange immer eine längliche Form aufweist, wird für dieses Beet doch wenigstens eine Länge von 2 m angenommen.

Das Drainagematerial wird nun gut festgestampft, wodurch sich ein stabiler und sicherer

Die Hauswurz gedeiht schon in der kleinsten Mauerspalte.

Untergrund zum Aufbau der steinernen Seitenwände ergibt. Auf eine tiefer reichende Drainage kann bei dieser freistehenden Beetvariante verzichtet werden, da hier nicht mit abfließendem Regenwasser zu rechnen ist, wie es bei einer Stützmauer zum Abfangen eines Hanges der Fall wäre.

Rundum Trockenmauern

Der Kräuterwurm wird nun rundum komplett mit Trockenmauern eingefasst. Diese sollten zur Innenseite hin eine leichte Neigung (Dossierung, Anlauf) von etwa 10 Prozent haben. Die größten Steine liegen zuunterst, nach oben hin darf die Mauer schmaler werden (Neigung oder Anlauf), was zum Teil auch schon durch die Verwendung kleinerer Steine geschieht. Die unten liegenden großen Steine werden sorgfältig ausgewählt und so verlegt, dass sie gut zueinanderpassen, damit nichts mehr wackelt und auch

keine allzu großen Lücken entstehen. Sie sind für die Stabilität der Mauer von besonders großer Wichtigkeit.

Alle rundum verlaufenden Mauern sollten parallel aufgebaut werden. Erst wenn eine Steinreihe komplett ist, wird begonnen, die zweite Reihe aufzusetzen. Zeitgleich wird der Raum im Inneren des Wurms mit Innenleben gefüllt. Dieses besteht am Anfang überwiegend aus Steinresten, Schutt, Kies oder größeren Aststücken. Später kommen auch kleinere Äste, Grünabfälle, Erde und Sand hinzu. Schon beim Befüllen wird immer wieder Kompost, Erde oder Sand auf das eingebrachte Material gestreut, um vorhandene Lücken zu schließen und damit ein späteres zu rasches Zusammensacken der Beetoberfläche zu vermeiden.

Auf Kreuzfugen sollte beim Aufbau der Mauer, so gut es geht, verzichtet werden! Beim Aufbau von Trockenmauern sollte grundsätzlich genug Zeit zur Verfügung stehen. Naturbruchsteine sind Unikate, sodass immer wieder probiert werden muss, wie sich die verwendeten Steine harmonisch in das Gefüge des Mauerwerks einfügen lassen. Häufiges Zurücktreten und Begutachten der Arbeit während des Aufbaus der Mauer hat sich bewährt, um Fehler zu vermeiden. Zu diesen Fehlern zählen wackelige Steine, zu große Lücken, Kreuzfugen oder eine unschöne Optik der Maueroberfläche, die meist auch eine Instabilität des gesamten Bauwerks zur Folge hätten.

Blühende Kräuterkrone

Damit sich die Kräuter auf der Krone des Kräuterwurms auch wohlfühlen, wird als Abschluss der Füllung etwa 20 cm Erde aufgebracht. Sandig-lehmige Erde mögen Kräuter ganz besonders gerne, doch hat hier nicht selten jeder Gärtner seine eigene Rezeptur. Wer noch völlig im Dunkeln tappt, was die Bodenverhältnisse seines Kräuterwurmes betrifft, der mischt ein-

Terrassierte Hochbeete aus Naturbruchstein

fach reifen Kompost mit Sand und etwas leh-
migem Gartenboden und füllt dieses Substrat
als oberste Schicht zwischen die Trockenmauern des Kräuterwurmes.

Die Kräuter können nun gepflanzt werden.
Wer es noch natürlicher und auch einfacher
haben möchte, der sät eine Kräutermischung
ein und wartet ab, welche Kräuter sich auf seinem Wurm wohlfühlen und dort am ehesten
gedeihen. An sehr heißen Tagen darf das Gießen der keimenden Kräuter jedoch nicht ver-
gessen werden.

Sind die Kräuter schließlich zu ansehnlichen
Pflanzen herangewachsen, wird nur noch während extremer Trockenperioden gewässert. Die
meisten Kräuter sind Sonnenanbeter. Sie kommen mit trockenen Böden meist viel besser
zurecht als andere Gartenpflanzen. Im Hochsommer bescheren sie dem Kräuterwurm eine

herrlich bunte Blütenkrone, die sich im Zusammenspiel mit den Natursteinen absolut
sehen lassen kann!

*Salbei liebt – wie alle Kräuter –
eine steinige Umgebung.*

Schlüssellochgärten

Etwas mehr Aufwand, was deren Planung und Bau betrifft, erfordern **Schlüsselloch-** oder **Mandalagärten**, wie sie auch manchmal genannt werden.

Die Form eines Schlüssels imitierend greifen die angelegten Beetbereiche ineinander über. Dabei spielen vor allem runde Linien und Bögen eine Rolle. Buchten und Vorsprünge nehmen nicht nur formal Kontakt miteinander auf. Vielmehr treten auch die pflanzlichen und tierischen Bewohner der benachbarten Beete miteinander in eine enge Verbindung, die zum Teil auch gerne symbiotisch sein darf.

> Unter **Symbiose** versteht man ganz allgemein eine Vergesellschaftung verschiedener Individuen, die für jeden der Partner mit Vorteilen verbunden ist. Der Begriff **Symbiose** stammt aus dem Altgriechischen und wird aus syn = zusammen und bios = Leben zusammengesetzt.

Die so genannten Schlüssel können entweder als Wege tiefergelegt werden, womit die angrenzenden Beete automatisch als Hochbeete nutzbar wären, oder man lässt die Schlüsselbeete hoch über das Erdniveau hinausschauen und stützt diese Erhöhungen mit Steinhängen ab, ganz ähnlich, wie es beim Kräuterwurm geschieht. Demnach könnte man auch den Kräuterwurm schon als eine Art Schlüssellochgarten bezeichnen, je nachdem wie kurvenreich sich der Wurm durch den Garten schlängeln darf und ob er in Teilbereichen mit anderen Gartenbereichen einen direkten Kontakt eingehen kann. Beim Schlüssellochgarten greifen hohe und tiefe Geländeteile quasi wie ein Zahnrad ineinander und bilden miteinander eine Einheit.

Von einem Mandalagarten spricht man immer dann, wenn die konstruierten Beete eine gewisse Symmetrie aufweisen, was dann am besten gelingt, wenn die gesamte Anlage aus höher oder tiefer gelegten Beeten in ihrer Gesamtheit einen Kreis ergibt.

Hochbeetvielfalt

Beim Bau eines Hochbeetes können eine Vielzahl an Materialien Verwendung finden.

Zu ihnen zählen:

- Holz
- Metall
- Reet, Schilf
- Steine
- Plastik
- Bambus
- Beton
- Kokos
- Gummi

Metall, Blech und Kokosmatten

Ganz grundverschiedene Konstruktionen aus Metall können für kreative Hochbeetbauer interessant werden. Denkbar wären hier alte Kartoffelkörbe oder Stahlkästen beliebiger Art, die man mit einem Vlies oder, besonders dekorativ, mit Kokosmatten auslegt beziehungsweise einfassen kann.

Zaunelemente aus Stahl sind zurzeit ganz groß in Mode. Vom Zaunbau bleiben manchmal Reststücke übrig, die sich geschickt in ein langlebiges Hochbeet verwandeln lassen. Fügt man die stählernen Zaunelemente, die über eine entsprechende Höhe von etwa 65 bis 95 cm verfügen sollten, zu einem Rechteck zusammen, indem man sie an ihren Ecken mit Kabelbindern, dickem Draht oder Ähnlichem zusammenbindet, und legt man diese Konstruktion mit Kokosmatten oder einem Vlies aus, erhält man schnell und unkompliziert ein robustes und ungewöhnliches Hochbeet, das problemlos überall aufgebaut und genau so schnell auch wieder abgebaut werden kann.

Ein weiterer Vorteil der Hochbeete aus Stahl besteht auch in ihrer Langlebigkeit. Lediglich die Innen- oder Außenabdeckungen in Form von Vlies, Kokos- oder Schilfmatten müssen von Zeit zu Zeit erneuert werden.

Variante

Sind die verwendeten Seitenteile aus Draht, Eisen oder Stahl optisch nicht sehr ansprechend, so können diese von außen mit Reetmatten verkleidet werden. Das sieht schön aus und ist auch recht günstig in der Anschaffung. Die Reetmatten sind fix und fertig auf Rollen, meist auch als Meterware, zu erwerben. In den Schilfhalmen nisten außerdem gerne kleine Wildbienen, friedfertige und nützliche Gartenbewohner, die hier einen Lebensraum finden.

Aus einem großen Drahtkorb, einer Rolle Kokos-Matte und ein paar Steinen wird mit wenigen Handgriffen ein schönes Kinder-Hochbeet.

Traktorreifen

Große ausgediente Reifen von schweren Fahrzeugen, wie etwa Traktoren, finden wir vor allem im ländlichen Bereich. Nach ihnen sucht man am besten auf einem Schrottplatz oder auch direkt am Hof eines Bauern.

Je nach Breite der Reifen werden zwei oder drei von ihnen übereinander gelegt, damit ergibt sich die erwünschte Arbeitshöhe für ein Hochbeet. Ein Reifenhochbeet eignet sich vor allem als dekoratives Blumenbeet mit charmant über die Ränder der mächtigen Reifen hängenden Geranien, Petunien oder Schleifenblumen und farblich dazu passenden Sommerblumen in der Mitte.

Diese Variante eignet sich auch für die Anzucht von Gemüse und Kräutern. Die Altreifen haben einen überaus geringen Verrottungsfaktor, denn sie geben, wenn überhaupt, nur minimale, praktisch nicht messbare Substanzen an die Umwelt ab, sodass hier nicht mit Ge-

sundheitsschäden gerechnet werden muss. Durch die lange Lebensdauer kann das Altreifenhochbeet über viele Jahre hinweg als wertvolle Anbaufläche und zugleich dekoratives Gartenelement genutzt werden.

Wohin mit all den Autoreifen?

Kunststoff und Mischgewebe

Moderne Gewebe zeichnen sich vor allem durch ihr niedriges Gewicht und ihre Langlebigkeit aus. Mit sehr wenig Aufwand können hier Hochbeetideen vor allem auf Balkonen und Terrassen umgesetzt werden.

Kunststoffwannen als Hochbeeteinfassungen

Schachtrohre aus Beton

Nahezu unverwüstlich sind runde Teilstücke aus Fertigbeton, wie sie beim Bau von Abwassersystemen im Straßenbau verwendet werden. Diese Rohre dienen dem Bau von Schächten und werden von Tiefbauunternehmen sowie Baustoffhändlern vertrieben.

Sicher könnte man dort anfragen und sich ein passendes Segment in einer für ein Hochbeet geeigneten Höhe von etwa 80 bis 90 cm und einem Durchmesser von etwa 1 bis 1,20 m anliefern lassen.

Wer Geld sparen möchte, kann sich aber ein Schachtrohr in Eigenregie in den Garten holen. Dann sollte man aber auch das entsprechende Gerät zur Verfügung haben, um das schwere Teil später im Garten an Ort und Stelle abladen zu können. Sind die Tücken des Transports gemeistert und befindet sich so ein Schachtrohrsegment erst einmal im eigenen Garten, kann es ohne jeden weiteren Aufwand sofort als Hochbeet genutzt werden.

Sowohl die Form als auch die Farbe des Betonrings sind schlicht und unauffällig. Bunte Blumen, die über den grauen Rand hängen, kommen in dem Ring aus Beton daher besonders gut zur Geltung.

Farblich lässt sich das Hochbeet natürlich durch einen entsprechenden Anstrich variieren. Gegebenenfalls kann die Außenwand auch dekorativ mit Fliesen, Steinen oder Muscheln beklebt werden und sich damit der übrigen Garteneinrichtung harmonisch anpassen. Kinder helfen ebenfalls gerne mit, wenn es darum geht, das Schachtrohrhochbeet zu dekorieren und seiner grauen Außenwand etwas Farbe zu bescheren.

Aus einem kleineren Betonring wurde ein dekoratives Blumen-Hochbeet.

Fässer und Steingutgefäße

Alte Wein- oder Mostfässer können, sofern sie eine entsprechende Größe aufweisen, ebenfalls bepflanzt werden. Ebenso verhält es sich mit hohen und sehr großen Steingutgefäßen, die auf dem Land gerne zur Lagerung von Lebensmitteln benutzt werden.

Da in beiden Fällen die Abzugslöcher fehlen, hat man die Qual der Wahl: Entweder man bohrt ausreichend viele Löcher in den Boden der Gefäße oder man füllt zuunterst eine Drainage in Form von Kies oder Schotter hinein. Stehen die Fässer unter freiem Himmel, kann es trotz dieser Maßnahmen dennoch passieren, dass sie nach ergiebigen Regenfällen voll-

laufen. Nur bei überdachten Standorten kann daher auf ein Abzugsloch gänzlich verzichtet werden.

Wie man sieht, gibt es tatsächlich unendlich viele Möglichkeiten, ein Hochbeet für den Garten zu kreieren. Niemand muss darauf verzichten, an erhöhten Beeten zu gärtnern. Nicht in jedem Fall muss das Material für ein Hochbeet neu gekauft werden. Manchmal reicht es schon aus, vorhandene Materialien in ein Hochbeet umzugestalten. Gegebenenfalls wird hier noch ein wenig ergänzt oder modifiziert und schon bald kann mit dem Gärtnern im aufrechten Stand begonnen werden!

Dieses große alte Fass bietet auch größeren
Pflanzen ein „erhabenes" Zuhause.

Weitere Nutzungs- varianten des Hochbeetes

Ein Frühbeet im Hochbeet

Im zeitigen Frühjahr, wenn die Witterung noch für einige Zeit unberechenbar bleibt, ist jeder Gemüsegärtner froh, wenn er die Möglichkeit hat, ein Gewächshaus oder ein Fruhbeet zur Pflanzenanzucht zu nutzen.

Junge zarte Pflänzchen nehmen auch schon Temperaturen um den Gefrierpunkt übel und so manche Aussaat verabschiedet sich in einer einzigen Frostnacht, noch ehe die Pflanzen überhaupt das Keimstadium überstanden haben. Die Besitzer eines oder mehrerer Hochbeete sind daher klar im Vorteil, wenn es darum geht, im Frühjahr die Gartensaison mit den ersten Aussaaten oder dem Setzen von Jungpflanzen einzuläuten. Immer noch viel zu selten werden vorhandene Hochbeete in ein Frühbeet umgerüstet, dabei ist der benötigte Aufwand relativ gering.

Hierbei sind einige Dinge zu beachten:

Werden flache Platten oder Fensterscheiben zum Abdecken der Beete verwendet, sollte sich die **Beetoberfläche** etwa 20 cm unterhalb der Oberkante der Hochbeeteinfassung befinden, sodass hier ein wenig „Luft" für die auflaufenden Saaten beziehungsweise die eingesetzten jungen Pflanzen bleibt.

Meist ist die Oberfläche des Hochbeetes im Laufe des Winters um ein gutes Stück abgesunken. Denn auch in der kalten Jahreszeit findet während wärmerer Perioden ein Zersetzungsprozess im Inneren der

Hochbeet, Frühbeet und
Insektenhotel in einem

einen sehr kurzen Abschnitt im Jahr beschränkt.

Beim Anbringen der Frühbeetabdeckung ist vor allem auf deren Dichtheit zu achten.

Sind hier irgendwo noch größere Lücken vorhanden, sodass Kälte ungehindert in das Beetinnere eindringen kann, war der Aufwand womöglich vergebens. Liegen die Scheiben oder die Folie eben auf, tritt der erwünschte Treibhauseffekt augenblicklich ein:

> Tagsüber heizt sich das Beet durch die Sonnenstrahlen auf, nachts kann die Wärme nicht so schnell entweichen und die Kälte wird außerdem abgehalten, in das Beet einzudringen. Im Frühjahr einsetzende Verrottungsprozesse im Füllmaterial des Hochbeetes treiben die Temperaturen unter der Abdeckung ebenfalls in die Höhe.

Hochbeetfüllung statt. Bis hier alle Gartenabfälle zu feiner Erde werden, vergehen oft mehrere Jahre.

Sollte dennoch zu wenig Spielraum vorhanden sein, wird ein Teil der Hochbeetfüllung entnommen und das Beet anschließend bis 20 cm unterhalb der Oberkante mit guter Gartenerde aufgefüllt.

Nun benötigt man nur noch eine geeignete **Abdeckung** für das Beet.

Diese Abdeckung sollte Licht hereinlassen und Kälte von außen abhalten können.

Alte Fensterscheiben sind für diesen Zweck bestens geeignet. Plexiglas- und Plastikplatten können ebenso verwendet werden wie dicke, lichtdurchlässige Plastikfolien. Ebenso wichtig wie die rasche und unkomplizierte Anbringung ist in diesem Fall auch die spätere rasche und vollständige Entfernung der Abdeckung.

Schließlich möchte man das Beet etwa ab Mai, wenn keine Fröste mehr zu befürchten sind, wieder als ganz normales Hochbeet nutzen.

Die Fremdnutzung als Frühbeet bleibt normalerweise die Ausnahme und ist lediglich auf

Es herrschen also beste Keim- und Wachstumsbedingungen, während auf dem freien Feld noch alles ruht und auf wärmere Zeiten wartet.

Möchte man das Beet mit Folie abdecken, so wird diese einfach straff über das Beet gespannt und mit ein paar Steinen oder Brettern auf den Rändern des Beetes beschwert. Damit die Folie nicht auf die Beetoberfläche fällt, müssen alle 20 bis 30 cm (schmale) Querlatten über das Beet gelegt werden, welche der Folie einen entsprechenden Halt sowie Abstand zur Beetoberfläche geben.

Die Folie wird nur zum Gießen oder an sehr heißen Tagen abgenommen. Eine Überhitzung im Beetinneren sollte vermieden werden. Jungpflanzen sind anfälliger für zu hohe Temperaturschwankungen als Aussaaten, die noch nicht aufgelaufen sind und sich ganz allgemein über höhere Temperaturen, verbunden mit einer hohen Luftfeuchte, freuen.

Gestaltungs-Tipp

Ein auf das Beet gesetzter Folientunnel erfüllt ebenso den Zweck, ein geschütztes Klima zu erzeugen. Entsprechende Aufsätze gibt es fix und fertig im Fachhandel zu kaufen, oder man fertigt einen Tunnelaufsatz selbst an, indem man Folie über halbrunde Stangen spannt. Das Gestänge kann aus dickem Draht, Metall oder auch Kunststoff bestehen, eine durchscheinende Folie wird stramm darüber gespannt und mit Kordel, dünnem Draht oder Klammern befestigt.

Nach der Nutzung als Hochbeet wird die Abdeckung entfernt

Das Hochbeet als Tomatenhaus

Ist die Tomate (*Solanum lycopersicum*) aus der Familie der Nachtschattengewächse für gewöhnlich auch ein recht unkompliziertes und robustes Gartengewächs, so macht der Pflanze allerdings häufig eine Krankheit zu schaffen, die mitunter die gesamte Ernte vollständig zunichtemachen kann.

Gemeint ist hier die Kraut- und Braunfäule (*Phytophthora infestans*), bei der es sich um einen Schadpilz handelt, der sich vor allem bei sehr feuchter Witterung ungehindert auf den Tomatenpflanzen ausbreiten kann. Sind die Pflanzen erst einmal mit dem Pilz infiziert, bekommen neben den Blättern schon bald auch die Früchte braune Stellen und beginnen anschließend sehr rasch zu faulen. Befallene Früchte sind absolut ungenießbar!

> Die kranken Pflanzen gehören in den Hausmüll oder sollten verbrannt werden! Auf gar keinen Fall darf man sie auf den Kompost geben oder als Füllmaterial für ein Hochbeet verwenden!

Um einem Befall vorzubeugen, hilft ein „Dach über dem Kopf". Tomatenhäuser sind absolut „in" und sichern die Tomatenernte auf sehr effiziente Art und Weise. Einen trockenen „Kopf" und immer ein erfrischendes Lüftchen um die „Beine" herum, so haben es Tomaten am liebsten!

Ein Dach schützt die Pflanzen vor der gefürchteten Kraut- und Braunfäule.

Wer ein vorhandenes Hochbeet entbehren kann, der hat hier eine schöne und einfache Möglichkeit, dieses Beet als Tomatenquartier zu nutzen. Was dafür benötigt wird, sind lediglich 6 stabile Holzlatten von etwa 2 m Länge sowie ein großes Stück Folie. Genormte Dachlatten sind leicht zu beschaffen und eignen sich durch ihre Größe ganz besonders gut für dieses Bauvorhaben. Sie sind ab etwa 2 m Länge in jedem Baumarkt oder im Holzhandel bzw. Sägewerk erhältlich.

Zunächst wird das Hochbeet zur Hälfte entleert. Anschließend wird die gesamte Fläche mit etwa 15 cm guter Pflanzerde wieder aufgefüllt. Reifer Kompost wäre hier für die stark zehrenden Tomatenpflanzen sehr zu empfehlen.

Ab April können die im Haus vorgezogenen Pflänzchen eingesetzt werden, die am Anfang noch mit Folie oder Glasscheiben vor Frost geschützt werden müssen. Das Hochbeet fungiert also zunächst noch als Frühbeet (siehe oben). Spätestens wenn die Pflanzen von ihrer Größe her beginnen, über die Oberkante des Hochbeetes hinwegzuwachsen, wird es Zeit, mit der Konstruktion der Aufbauten für das Tomatenhaus zu beginnen.

Tomatenhaus-Aufbauten

Vier lange Holzlatten oder wahlweise auch schlanke Rundhölzer von mindestens 2 m Länge werden in den vier Ecken des Hochbeetes senkrecht in die Erde getrieben, bis sie einen sicheren Halt bieten.

Auf den Längsseiten werden die beiden Latten an ihren oberen Enden mit jeweils einer weiteren Holzlatte mittels Schrauben oder Nägeln miteinander verbunden. Nun wird die vorhandene Folie zugeschnitten. Sie erhält eine rechteckige Form in der Größe der Grundfläche des Beetes zuzüglich rundum etwa 40 cm Zugabe. Die verwendete Folie sollte unbedingt über eine hohe Reißfestigkeit verfügen sowie

Gesunde Tomaten aus dem Hochbeet

UV-beständig sein, da sie permanent Wind und Wetter ausgesetzt ist. Im Handel erhältlich sind spezielle gewebeverstärkte Folien, die dennoch lichtdurchlässig und flexibel zu verarbeiten sind.

Die Folie wird nun von oben über die Holzlatten gespannt, wobei sie rundum 40 cm hinausragt. Dieser Rand wird jeweils an den vier Eckhölzern von außen mit einem Handtacker, einer Kordel, einem Gummiband oder Ähnlichem befestigt. So sind die Tomatenpflanzen nicht nur von oben, sondern im oberen Bereich auch vor seitlich einfallendem Regen geschützt. Darunter bleibt das Haus jedoch offen, um ungehinderten Luftzug zu gewährleisten. Das ist besonders wichtig, damit die Pflanzen immer gut abtrocknen können und Pilze keine Chance haben, sich zu vermehren.

Variante

Soll das Hochbeet ausschließlich oder überwiegend als überdachtes Tomatenhaus verwendet werden, können schmale Rundhölzer auch in vorhandene Abschlussleisten des Hochbeetes eingelassen werden, sodass die Aufbauten für das Tomatenquartier ein besonders solides Gebilde darstellen. Dafür wird in allen vier Ecken ein Loch im Durchmesser der Rundhölzer in die flach aufliegende Diele des Hochbeetes gesägt oder gestanzt, die Hölzer hindurchgeschoben und senkrecht in die Erde getrieben.

> ## Tipp!
> In den Boden eingelassene Tontöpfe können als Wasserreservoir während längerer Hitzeperioden dienen. Sie geben das Wasser durch ihr Abzugsloch langsamer an den Boden ab, sodass man sie – je nach Größe – nur alle paar Tage neu mit Wasser befüllen muss.

> ## Wichtig!
> Die Tomatenpflanzen müssen jeden Tag ausreichend mit Wasser versorgt werden, auch bei Regen.

Sommerplatz für Zimmerpflanzen

Dieses einfache Tomatenhaus kann ebenso gut auch als Sommerquartier für Zimmerpflanzen genutzt werden. In diesem Fall verzichtet man auf das Foliendach und bringt stattdessen auf der Südseite des Beetes einen Sonnenschutz an den Holzlatten an. Das könnte etwa eine mit kleinen Schraubhaken befestigte Schilf- oder Kokosmatte sein. Die schattenspendenden Matten schützen empfindliche Zimmergewächse vor der viel zu starken Mittagssonne. Von oben erreicht die Pflanzen jedoch das weiche Regenwasser, das sie vom Staub befreit und dem Blattwerk einen gesunden Glanz verleiht.

Der Hochteich

Wasserlandschaften verzaubern die Menschen seit jeher. Viele möchten sich das lebensspendende Nass in Form eines Gartenteiches auch ins eigene Zuhause holen. Jedes künstlich angelegte Feuchtbiotop stellt auch eine Art Beet dar, da hier zahlreiche Pflanzen kultiviert werden und der Teich kontinuierlich einiger Pflege bedarf.

Höhergelegte Teiche gewinnen – wie Hochbeete – neuerdings zunehmend an Beliebtheit. Sie besitzen alle Vorteile eines Hochbeetes und verdienen auch im Hinblick auf eine abwechslungsreiche Gartengestaltung unbedingt Beachtung. In einem höhergelegten Teich können Pflanzen und Tiere noch weitaus besser beobachtet werden, als dies in bodennahen Gewässern möglich ist.

Pflegemaßnahmen gehen ebenfalls viel leichter von der Hand, wenn sie im aufrechten Stand ausgeführt werden können.

Auswahl des Materials für die Hochteichwände

Ob man sich nun für Holz, Stein oder Beton als Wand für den Hochteich entscheidet, es gibt viele Möglichkeiten, eine höherliegende Wasserfläche geschmackvoll einzufrieden. Fällt die Wahl auf den Werkstoff Holz, so könnte ein rechteckiger Kasten wie in unserer zweiten hier vorgestellten Bauanleitung auf S. 35 den Rahmen für einen Hochteich bilden. Betonpflanzsteine sind in diesem Zusammenhang ebenfalls interessant, da sie einfach trocken übereinandergelegt werden können und dem Teich

Erhöhte Wasserflächen ziehen die Aufmerksamkeit von jedem Besucher auf sich.

Kleiner Bachlauf im terrassierten Gelände

dennoch eine sehr solide und standfeste Einfassung geben. Durch bepflanzbare Hohlräume können hier zusätzliche Pflanzen angesiedelt werden, die dem Teich einen blühenden Rahmen bescheren.

Sowohl schön als auch praktisch sind Steine zum Mauern oder Natursteine aus dem Steinbruch, wenn sie als Einfassung eines erhöhten Teiches verbaut werden. Die Auswahl im Handel ist erstaunlich und so kann hier mit Sicherheit ein Stein für jeden Geschmack gefunden werden.

In die Erde eingelassene Granitpalisaden bieten ebenfalls einen ganz bezaubernden erhöhten Rand für den Teich. Elegant und zeitlos schön betten sie das glitzernde Nass robust ein, ihre natürliche Ausstrahlung ist einzigartig.

So gegensätzlich Stein und Wasser von ihrer Konsistenz her auch sein mögen, so sehr harmonieren sie in unmittelbarer Nähe zueinander und bilden immer wieder einen spannenden Kontrast.

Mit Pflanzsubstrat stabilisieren

Am besten funktioniert das Höherlegen von Wasserlandschaften mit Hilfe einer gleichmäßig

aufliegenden Teichschale, die man in ein Bett aus Kies oder Sand setzt.

Mit der Wasserwaage wird die Lage der Schale überprüft. Das ist in diesem Fall besonders wichtig, da Wasser automatisch im Lot ist. Kleinste Unebenheiten würden daher ein sehr unschönes Ergebnis zur Folge haben.

Falls Granitpalisaden verwendet werden, wird entlang der Linie, auf der die Palisaden den Teich einfassen sollen, ein etwa 55 cm tiefer und 20 cm breiter Graben ausgehoben (siehe dazu auch das dritte Beispiel unter den Bauanleitungen auf S. 47). In diesen Graben wird eine Drainage in etwa 10 cm Höhe eingefüllt. Anschließend werden die Palisaden hineingestellt und ausgerichtet.

An der Innenseite sollte man die Palisaden mit einer Folie oder einem Vlies schützen, damit kein Substrat austreten kann. Zeitgleich wird der Zwischenraum von Teichschale und Palisadeneinfriedung mit Pflanzsubstrat aufgefüllt. Bewährt hat sich eine Mischung aus Komposterde, Sand und Lehm. In diesem Bereich findet eine ansprechende Randbepflanzung Platz und ergänzt die Pflanzen der Sumpfzone sowie der Wasserfläche des Teiches.

Im Sitzen gärtnern – Hochbeettische

Gärtnern im Sitzen ist heute nichts Ungewöhnliches mehr. Wir verbringen oft viele Stunden am Tag in dieser Haltung, indem wir an Tischen arbeiten, telefonieren oder essen. Warum sollte es daher nicht auch Tische zum Gärtnern geben, an denen Ältere, Menschen mit Behinderung sowie alle anderen Personen, denen langes Stehen schwer fällt, mit großer Freude ihrem grünen Hobby nachgehen können?

Ein Hochbeettisch aus Holz ist schnell und einfach selbst gezimmert. Man benötigt dafür vier stabile Holzpfosten, einige Bretter sowie eine stabile Folie oder ein Vlies, mit der die Innenseite des Pflanztisches ausgekleidet werden kann. Damit überschüssiges Wasser ablaufen kann, erhält der Boden des Tisches ein kleines Abzugsloch, das jedoch mit einem engmaschigen Gitter oder wasserdurchlässigem Vlies abgedeckt wird, damit kein Pflanzsubstrat herausrieseln kann.

Die Höhe der Tischunterkante beträgt etwa 70 cm, sodass Rollstuhlfahrer dicht an den Tisch heranfahren können, die Oberkante des Pflanztisches ist etwa 85 cm hoch. So kann die sitzende Person auch aus einem Rollstuhl heraus bequem arbeiten.

Hochbeettisch im Seniorenheim „Drei Heilige Könige" in Köln-Ehrenfeld (Bild rechte Seite)
Ein Wasserabzugsloch ist unumgänglich! (rechts oben)

Füllmaterial für Hochbeete – die Füllung macht's

Ein besonderer Vorteil von Hochbeeten besteht ja unter anderem darin, dass sie als eine Art Komposter eingesetzt werden können.

Während der nutzungsfreien Zeit, also vornehmlich in der Zeit ab November bis etwa Februar oder je nach Witterung auch bis in den März hinein, besteht die Möglichkeit, das Beet mit allerlei Abfällen aus Garten und Küche zu befüllen. Das spart nicht nur Geld, da aus Grünabfällen irgendwann wertvolle Erde entsteht, sondern dient später auch als eine Art Fußbodenheizung für alle darin wachsenden Pflanzen. Die durch Zersetzungsprozesse im Inneren des Beetes erzeugte Wärme lässt die Bodentemperaturen ansteigen. Das ist vor allem im zeitigen Frühjahr von größerer Bedeutung und führt dazu, dass der Start der Gartensaison um 2 oder 3 Wochen vorgezogen werden kann.

Wurde das Hochbeet schon im Herbst errichtet, darf nun das ganze Winterhalbjahr Füllmaterial eingefüllt werden. Gemüseabfälle, die in jeder Küche anfallen, gehören hier ebenso dazu wie heruntergefallenes Laub, Grasschnitt, zerkleinertes Schnittgut von Gehölzen, Einstreu aus Haustierkäfigen (in kleinen Mengen), Federn, Heu oder Stroh. Ein einziges Beet kann erstaunlich viel kompostierbares Material aufnehmen!

Schon während der Wintermonate beginnt der unaufhaltsame Prozess der Zersetzung, so dass das Beet doch niemals richtig voll wird. Dagegen hilft nur, fleißig weiter zu sammeln und so viel organisches Material, wie nur möglich, in einer guten Mischung in das Hochbeet einzufüllen.

Schicht für Schicht

Schaut man sich den Schichtenaufbau eines organisch befüllten Hochbeetes im Querschnitt an, so fällt auf, dass von unten nach oben zuerst grobes, dann immer feineres Material eingefüllt wird.

Die auf der Oberfläche wachsenden Pflanzen benötigen reifes Substrat, also Erde, um Wurzeln bilden zu können, sowie Nährstoffe für ihre optimale Versorgung. Feines Material verrottet wesentlich schneller als grobes und vergrößert nach seiner Umwandlung den Erdanteil des Beetinhaltes in dem Maße, wie sich die darin wachsenden Pflanzen während der Gartensaison entwickeln.

Das Hochbeet beinhaltet also ein praktisch unerschöpfliches Erd- und Nährstoffreservoir und bietet daher beste Wachstumsbedingungen, selbst oder gerade auch für „Starkzehrer", wie es Kürbisse, Zucchini oder Tomaten sind.

Zwischen die einzelnen Schichten kann immer wieder reifer oder halbgarer Kompost gestreut werden. Das wirkt wie eine Impfung mit Mikroorganismen und fördert die schnellere Zersetzung des Materials. Durch die Auffüllung mit erdigen Substanzen wird außerdem verhindert, dass im Beetinneren allzu große Hohlräume entstehen. Das ist deshalb so wichtig, da sich ein ruckartiges Absinken der Beetoberfläche auf das Gedeihen der Pflanzen negativ auswirken kann. Sie würden im Inneren des Kastens „verschwinden" und wären dann auch wesentlich schwerer erreichbar.

Das eingefüllte Material sollte nicht zu trocken sein. Eine gewisse Feuchte – nicht Nässe – schon beim Einfüllen wäre ideal, kann aber zur Not auch erreicht werden, indem die eingefüllten Schichten ganz leicht mit einer Gießkanne überbraust werden.

Kräuter, die sich nur über ihre Samen vermehren, wie **Franzosenkraut** oder **Melde**, können in der Tiefe des Beetes nicht mehr viel

Gröberes Material für die unteren Beetschichten

Den Abschluss bildet reifer Kompost oder gute Gartenerde.

Schichtenaufbau eines Hochbeetes

1. Schicht Ganz nach unten ins Hochbeet gehört grobes Material: Dicke Äste, Baumstümpfe, Steine, Schutt, Kies, und je nachdem, was so alles zur Verfügung steht, kann hier vielerlei untergebracht werden. Steht der Artenschutz im Vordergrund, dürfen auch größere Steinplatten und andere flache Steine nicht fehlen, die durch ihre Sperrigkeit ganz von alleine Hohlräume bilden, sodass viele Tierarten, wie Wiesel, Blindschleichen, Eidechsen oder Hummeln, eine Bleibe oder sogar einen Nistplatz darin finden.

2. Schicht Die nächste Schicht können Küchenabfälle aus dem grünen Bereich ebenso bilden wie auch Laub, Grasschnitt, Grassoden und jeder andere grüne Abfall. Dazu darf auch gejätetes Unkraut gehören, insofern es sich nicht um ein Wurzelunkraut handelt, also um Pflanzen, die sich allein über ihre Wurzeln oder Knollen weitervermehren, wie etwa Winden, Giersch, Zaunrübe oder Quecke.

Ist im Frühjahr die Nutzung des Hochbeetes als Frühbeet geplant, könnte das Beet nun auch eine „Packung" Pferdemist bekommen. Dieser wird bis zu 40 cm dick eingefüllt und sehr gut festgestampft, bevor weitere Schichten darübergegeben werden. Pferdemist bildet in der Folge besonders viel Wärme, dieser Umstand führte zum Ausdruck Mistbeet für ein mit Pferdemist „gepacktes" Frühbeet.

3. Schicht Es folgen mehrere dünne Schichten, je nachdem, welches Füllmaterial zur Verfügung steht: Grasschnitt, halbreifer Kompost, Tiereinstreu, Laub, gehäckseltes Holz, Gartenabfälle und Ähnliches. Zwischen die einzelnen Schichten kann immer wieder reifer Kompost gestreut werden. Das fördert die schnellere Zersetzung und sorgt dafür, dass der Inhalt des Beetes schön kompakt bleibt. In einem festen Substrat ohne größere Lücken ist der Wurzelbereich der Pflanzen wesentlich besser vor Austrocknung geschützt.

Hornspäne oder Gesteinsmehl können ebenfalls dünn zwischen die Schichten eingestreut werden und bewirken, dass aus dem eingefüllten Material eine besonders wertvolle und nährstoffreiche Erde entsteht.

Letzte Schicht Den Abschluss bildet immer eine mindestens 15 cm dicke Schicht aus guter Pflanzerde oder sehr reifem Kompost. Diese Erdschicht darf keinesfalls zu dünn ausfallen, da auf dem Beet kultivierte Pflanzen ansonsten zu wenig Raum für ihre Wurzeln zur Verfügung haben und sich das Anwachsen daher schwierig gestalten könnte.

anrichten, da hier entweder so hohe Verrottungstemperaturen entstehen, dass praktisch alle Samen zuverlässig abgetötet werden, oder die Pflanzen – samt ihrer Samen – vom Verrottungsprozess im Inneren des Beetes gänzlich „verdaut" werden, sodass von ihnen irgendwann nur noch gehaltvolle gute Komposterde übrig bleibt. Keimt doch das ein oder andere Kraut, so ist es später schnell herausgezupft und kann an Ort und Stelle als dünne Mulchschicht auf dem Beet verbleiben.

Die einzelnen Schichten sollten niemals zu dick ausfallen. So wird Grasschnitt beispielsweise immer nur dünn und locker in das Beet eingestreut, damit hier nichts zusammenklebt und sich in der Folge kein Schimmel bildet.

Schema des Schichtenaufbaues eines Hochbeets

Ein Hochbeet aus roten Ziegeln bringt Farbe und Abwechslung in den Garten.

> ## Wichtig!
> **Auch Minze oder Topinambur vermehren sich über Wurzeln oder Knollen.**
> **Die Pflanzen oder Teile davon sollten daher nicht als Füllung für ein Hochbeet verwendet werden!**

Wenn das Beet zu schrumpfen beginnt

Es ist praktisch nicht zu vermeiden, dass die Beetfläche in einem organisch befüllten Beet im Laufe der Zeit immer wieder zusammenschrumpft. Die Verrottung der organischen Substanzen läuft in der feucht-warmen Umgebung des Hochbeetes auf Hochtouren, sodass hier recht schnell eine äußerst fruchtbare Erde entsteht. Beste Voraussetzungen also für den Anbau von Nutz- oder Blütenpflanzen, die auf einem Hochbeet besonders einfach und bequem zu kultivieren sind.

Allerdings wird es keinem gefallen, wenn die bequeme Arbeitshöhe der Beetfläche von etwa 80 bis 90 cm plötzlich drastisch schwindet und

man sich – trotz Hochbeet – nun doch wieder bei der Gartenarbeit tief ins Innere des Beetes beugen muss. Vor allem Beete, die erst kurz vor der Gartensaison, also von etwa Januar bis März, „aufgesetzt" wurden, fallen meist schon wenige Wochen später, wenn Wärme und Feuchte die Zersetzung der organischen Füllstoffe angeheizt haben, in sich zusammen.

In diesem Fall muss das Beet schon bald mit guter Gartenerde aufgefüllt werden. Meist stehen dann viel zu viele Pflanzen im Weg, die es noch dazu gar nicht schätzen, wenn man sie unter einer dicken Schicht Erde begräbt. Um diesen Konflikt zu vermeiden, ist schon im Vorfeld ein wenig Anbauplanung nötig.

Wie kann ein plötzliches Absinken der Beetfläche vermieden werden?

Natürlich lässt sich die Reduktion des Beetinnenvolumens niemals ganz verhindern, vor allem, wenn es sich bei der Zusammensetzung des Hochbeetfüllmaterials zu einem Großteil um organische Stoffe handelt, deren Zersetzung mit Hilfe von Mikroorganismen und vielen tierischen Helfern, wie Regenwürmern, Kellerasseln oder Tausendfüßern, rein natürlich ist.

Schließlich ist diese Umwandlung in fruchtbare Erde durchaus gewollt.

Die besonders nahrhafte Erde verspricht dem Hochbeetgärtner besonders reiche Ernten. Allerdings kann das allzu rasche Absacken der Beetoberfläche in Hochbeeten zum Problem werden und sollte daher, so gut es geht, vermieden werden. Mit guter Planung kann dem in gewissem Maße vorgebeugt werden.

Anorganisches Füllmaterial

Als anorganisch werden alle unbelebten Teile der Natur bezeichnet.

In Bezug auf die Füllung für ein Hochbeet versteht man unter anorganischem Füllmaterial jede unverrottbare Substanz, die neben organischen Substanzen zusätzlich als Füllmaterial für das Beet verwendet werden kann. Werden anorganische Substanzen in ein Hochbeet eingebracht, steht meist deren Auffüllfunktion im Vordergrund. Daneben wäre auch ihre Funktion als Drainage zu nennen.

In der anorganischen Füllschicht können auch Lebensräume für Tiere geschaffen werden: Eidechsen, Spinnen, Mäuse oder Erdhummeln freuen sich über die entstandenen Hohlräume,

Maßnahmen gegen ein zu rasches Absinken der Hochbeetfläche

- Man befüllt das Beet bereits im Herbst, sodass ein Gutteil der Verrottung schon während des Winters stattgefunden hat
- Es wird streng nach einem Plan gepflanzt: Den Anfang machen die Schnellwachsenden wie Radieschen, Salate und Spinat. Sie alle zeichnen sich durch ihre kurze Vegetationsperiode aus. Schon früh im Jahr können sie gesät werden, in wenigen Wochen sind dann die ersten Salate erntereif. Dadurch ist das Beet schon einige Wochen nach dem Start der Gartensaison komplett abgeerntet und frei für Neues. Inzwischen hat sich auch die Beetoberfläche abgesenkt und kann nun bis zum Rand neu aufgefüllt werden, erst dann werden neue Pflanzen auf das Beet gesetzt, wozu nun auch ausdauernde Gewächse zählen dürfen, wie Tomaten, Kürbisse, Zucchini, Paprika, Sellerie, Petersilie und viele andere. Sie bleiben oft viele Wochen auf dem Beet, manche von ihnen sogar bis zum Ende der Saison.
- In die untere Hälfte des Beetes wird anorganisches Material gefüllt, wie etwa Splitt, Kies, Schotter, Blähton oder Steinreste. Dadurch wird gleichzeitig der Anteil an organischer Grünmasse reduziert und somit auch der Anteil an neugebildeter Erde. Zwar wird nun das Beet weniger stark absinken, allerdings stehen den Pflanzen insgesamt weniger Nährstoffe zur Verfügung.
  Die Vor- und Nachteile sollten sorgfältig miteinander verglichen und daraufhin abgewogen werden, welche Vorgehensweise in Bezug auf die Verwendung von anorganischen Füllstoffen sinnvoll erscheint.

Schmale Granit-Palisaden eignen sich bestens zum Errichten eines langlebigen Hochbeetes.

Splitt oder Schotter sorgt für eine gute Durchlüftung.

die allerdings vorwiegend in steinernen Hochbeeten einen Sinn machen, da hier auch gleich die Zugänge von außen – über kleine Lücken zwischen den Steinen – vorhanden sind.

Zu den anorganischen Füllstoffen zählen:
- Steine und Steinreste
- Schotter
- Splitt
- Granulate, z. B. aus Hydrokulturen, Lava
- Sand, Kies
- Blähton

Der Vorteil der teilweisen Verwendung von anorganischen Substanzen als Füllung für ein Hochbeet liegt vor allem darin, dass sich für das Beetinnenvolumen eine größere Konstanz ergibt. Die Beetmasse erfährt, über das Jahr hinweg, wesentlich geringere Schwankungen.

Zusätzlich sorgen anorganische Materialien für eine gute Drainage, was vor allem in sehr nassen Sommern günstig bewertet werden kann. Die meisten Kräuter und andere mediterrane Gewächse bevorzugen einen gut durchlässigen Unterboden.

Nachteilig wirkt sich höchstens die insgesamt wesentlich kleinere Erdmasse im Beet-innenraum aus. Vor allem stark zehrende Pflanzen, wie Kürbisse, Zucchini oder Kohl, stoßen hier schnell an ihre Grenzen, sodass ein optimales Gedeihen nicht mehr gewährleistet ist. Dies sollte man berücksichtigen und seine Entscheidung, ob oder wie viel an anorganischen Füllstoffen in ein Hochbeet gefüllt werden, davon abhängig machen, welche Pflanzen man bevorzugt auf dem Beet anbauen möchte. Für ein mediterranes Kräuterbeet ist die Verwendung von anorganischem Füllmaterial also durchaus zu empfehlen.

Steht jedoch eine reiche Gemüseernte im Vordergrund, wird darauf eher verzichtet und ein Absinken der Beetoberfläche in Kauf genommen. In diesem Fall sollte jederzeit Erde zum Nachfüllen bereitstehen. Ein häufiges Auffüllen mit kleinen Mengen guter Pflanzerde rund um die Pflanzen herum hat sich dabei eher bewährt als das Hinzufügen einer größeren Erdmenge, welche die Pflanzen ersticken könnte.

Einigen Pflanzen macht es übrigens nicht viel aus, wenn man sie mit Erde anhäufelt. Dazu zählen Kohlrabi, Kartoffeln oder auch Tomaten. Tomaten bilden an ihren Stämmen neue Wurzeln, sobald Erde sie umgibt.

Bewässerung

Für diejenigen, die sich zwar bezüglich des benötigten Zeitaufwandes unsicher, aber grundsätzlich bereit sind, ein wenig Arbeit oder auch Geld zu investieren, stehen einige ausgeklügelte Bewässerungssysteme zur Verfügung, welche die Pflanzen eines Hochbeetes auch in Zeiten einer (kurzen) Abwesenheit mit Wasser versorgen.

Erfahrungsgemäß ist es gerade während der Ferienzeiten schwer, jemanden zu finden, der die Gartenpflege übernehmen kann. Wie gut, wenn dann noch auf „Plan B" zurückgegriffen werden kann und das Hochbeet für den Ernstfall gut gerüstet ist.

Die Wasserhaltefähigkeit des Bodens erhöhen

Wie rasch ein Boden austrocknet, hängt zum Teil auch davon ab, aus welchen Bestandteilen er sich in seiner Struktur zusammensetzt. Die Wasserhaltefähigkeit der Erde kann daher durch den Zusatz bestimmter Stoffe verbessert werden.

Bekannt für seine hohe Wasseraufnahme- sowie Quellfähigkeit ist Betonit.

Als **Betonit** wird ein Gemisch verschiedener Tonmineralien bezeichnet, welches im Gartenbau in pulverisierter Form gerne zum Verbessern von sandigen Böden verwendet wird. In seiner ursprünglichen Form ist Betonit ein Gestein, das aus der Verwitterung vulkanischer Asche entstanden ist.

In die obere Schicht des Hochbeetes eingearbeitet, verbessern die Mineralien die allgemeine Wasserhaltefähigkeit des Pflanzsubstrates.

Wasserspeichermatten

Sieht man sich im Gartenfachhandel nach weiteren Möglichkeiten um, wie Wasser im Boden gespeichert werden kann, wird man vor allem in der Abteilung fündig, in der es Zubehör für Balkonkästen oder Kübel gibt.

Weiche Speichermatten (Polyacryl-Vlies), die man normalerweise auf dem Boden von Balkonkästen verlegt, sind hier als weitere Möglichkeit der Wasserspeicherung zu nennen.

Die Matten lassen sich leicht in kleinere Stücke zerschneiden, die man um die Pflanzen des Hochbeetes herum in die Erde drücken kann.

Das weiche, speicherfähige Material lässt sich leicht zurechtschneiden.

Hat sich das weiche speicherfähige Material dieser Matten erst einmal gut mit Wasser vollgesaugt, hält es die Feuchtigkeit wie ein Schwamm und gibt sie erst wieder ab, bis sich nach Wasser dürstende Pflanzenwurzeln hier bedienen, indem sie das Wasser mit ihren Wurzeln – einem Strohhalm gleich – aus den Matten heraussaugen.

Tontöpfe

Neben den Pflanzen eingegrabene Tontöpfe sind ideal, um eine kurze Abwesenheit des Hochbeetgärtners zu überbrücken. Es reicht aus, die Töpfe etwa zur Hälfte in der Erde zu versenken. Anschließend werden sie randvoll mit Wasser gegossen, das nur langsam durch die tönernen Wände versickern kann.

Verschließt man ein vorhandenes Abzugsloch mit einem Korken oder Lehm, wird die Wasserabgabe zeitlich verzögert, was in diesem Fall durchaus gewollt ist. Tontöpfe ohne Abzugslöcher sind zu bevorzugen, da sie das enthaltene Nass nur sehr langsam über die porösen Tonwände an ihre Umgebung abgeben, sodass weitere Zeit überbrückt werden kann.

Mit Wasser gefüllte Tontöpfe sorgen für eine verzögerte Bewässerung.

Tröpfchenbewässerung

An das Stromnetz angeschlossene Bewässerungssysteme gibt es von vielen bekannten Herstellern. Sie eignen sich natürlich auch für die Bewässerung eines Hochbeetes. Mittels einer Schaltuhr wird das System ein- und wieder ausgeschaltet. Meist handelt es sich um perforierte Schläuche, die im Beet verlegt werden und die gezielt geringe Wassermengen abgeben, sodass hier auch längere Abwesenheitszeiten möglich sind.

Hochbeetvarianten

Hochbeete eignen sich besonders, um – auf begrenztem Raum – einem ganz bestimmten Gartenthema einen angemessenen Rahmen zu geben.

Es hat sich als vorteilhaft erwiesen, Pflanzen mit ähnlichen Ansprüchen in einer Art Gemeinschaft zu kultivieren, daneben verspricht ein gut durchdachtes Anbaukonzept ein Höchstmaß an gärtnerischem Nutzen. Es ist nun einmal weitaus einfacher, Kräuter für die Küche an einem zentralen Ort zu ernten, als sie mühsam im ganzen Garten zusammensuchen zu müssen. Wenn die Ernte dann noch ganz bequem und ohne sich dabei bücken zu müssen an einem Beet in „attraktiver Höhenlage" erfolgt, umso besser.

In den folgenden 7 Unterkapiteln werden daher Pflanzen einer bestimmten Thematik zu Gruppen zusammengefasst.

Daneben wurden die empfohlenen Pflanzen auch auf ihre Eignung für eine Hochbeetkultur geprüft, wobei nach folgenden Kriterien entschieden wurde:

1.) **Wuchshöhe**

2.) **Ernteertrag in Bezug zur Anbaufläche**

3.) **Standortansprüche, vor allem in Bezug auf ihre Trockenheitsresistenz**

4.) **Verträglichkeit und Synergien der Pflanzen untereinander**

Das Gemüsehochbeet

Gerade beim Gärtnern auf kleinem Raum sollte auf die Verträglichkeit der Pflanzen untereinander geachtet werden.

Zwar wird den auf einem Hochbeet kultivierten Pflanzen von vornherein schon ein reiches Nährstoffangebot zur Verfügung gestellt, was Mangelerscheinungen und damit einer Anfälligkeit für Krankheiten entgegenwirkt, dennoch sollte man es vermeiden, Pflanzen in unmittelbarer Nachbarschaft zueinander anzubauen, die sich einander in ihrem Gedeihen eher bremsen. Es ist wie bei uns Menschen, einige Pflanzen mögen sich mehr, andere weniger.

Tatsächlich gibt es Pflanzen, die sich gegenseitig vor Schädlingen schützen, wofür Zwiebeln und Möhren ein oft erwähntes Beispiel sind.

Viele weitere gut funktionierende Pflanzennachbarschaften sind bekannt. So sind beispielsweise die meisten Kräuter mit jeder anderen Pflanze verträglich, weshalb wir sie gerne auch zwischen die Gemüsepflanzen setzen können. Mit ihren unterirdischen „Ausdünstungen" geben sie ihren Nachbarpflanzen manchmal sogar eine ganz charakteristische Geschmacksnote.

Pflanzt man Knoblauch zwischen Erdbeeren, gedeihen diese besonders gut und bleiben häufig von Mehltau und anderen Pflanzenkrankheiten verschont.

Beim Gärtnern auf Hochbeeten hat sich der Anbau nach einer Mischkulturtabelle bewährt.

Alle Bepflanzungsvorschläge in den folgenden Kapiteln beruhen daher auch auf den Regeln der Verträglichkeit der Pflanzen untereinander. Bei der Erstellung eines Anbauplanes für das Hochbeet kann daher in der Tabelle auf Seite 114 nachgesehen werden, welche Pflan-

Das Gemüse-Hochbeet kann fortlaufend geerntet werden.

Die Jungpflanzen wachsen rasend schnell heran.

Mischkulturtabelle

Pflanze	verträgt sich mit	verträgt sich nicht mit
Aubergine	Weiße Bohnenaubergine	Tomaten, Paprika
Blaukraut (Rotkohl)	Borretsch, Buschbohnen, Erbsen, Möhren, Salate, Sellerie, Spinat	Tomaten, Kohl, Zwiebeln
Buschbohnen	Bohnenkraut, Borretsch, Chinakohl, Dill, Erdbeeren, Gurken, Kapuzinerkresse, Kartoffeln, Kohlarten, Kohlrabi, Radieschen, Rettich, Rote Bete, Salat, Sellerie, Spinat, Tomaten	Erbsen, Fenchel, Knoblauch, Paprika, Porree, Schnittlauch, Stangenbohnen, Zwiebeln
Erbsen	Gurken, Kohlarten, Kohlrabi, Kopfsalat, Mais, Möhren, Radieschen, Rettich, Sellerie, Spinat, Zucchini	Bohnen, Kartoffeln, Knoblauch, Porree, Tomaten, Zwiebeln
Erdbeeren	Buschbohnen, Knoblauch, Kopfsalat, Porree, Radieschen, Spinat, Salate	Kohlarten
Gurken	Bohnen, Borretsch, Dill, Erbsen, Fenchel, Kohlarten, Kopfsalat, Kümmel, Mais, Porree, Rote Bete, Sellerie, Zwiebeln	Tomaten, Kartoffeln, Radieschen, Rettich
Kartoffeln	Buschbohnen, Dicke Bohnen, Kohlrabi, Kümmel, Mais, Meerrettich, Pfefferminze, Spinat	Erbsen, Gurken, Kürbis, Rote Bete, Sellerie, Sonnenblumen, Tomaten, Zwiebeln
Knoblauch	Erdbeeren, Gurken, Himbeeren, Lilien, Möhren, Rosen, Rote Bete, Tomaten	Erbsen, Buschbohnen, Kohl, Stangenbohnen
Knollensellerie	Bohnen, Erbsen, Gurken, Kohl, Kohlrabi, Porree, Spinat, Tomaten	Kartoffeln, Mais, Salat
Kohl	Bohnen, Dill, Endivien, Erbsen, Gurken, Rote Bete, Salat, Sellerie, Spinat, Tomaten	andere Kohlarten, Kartoffeln, Knoblauch, Kohlrabi, Schnittlauch, Zwiebel
Kohlrabi	Bohnen, Erbsen, Erdbeeren, Gurken, Fenchel, Kartoffeln, Porree, Radieschen, Rote Bete, Salat, Sellerie, Spinat	Kohl

Fortsetzung auf der rechten Seite

Pflanze	verträgt sich mit	verträgt sich nicht mit
Kopfsalat	Bohnen, Erbsen, Fenchel, Gurken, Kohlarten, Kohlrabi, Möhren, Porree, Radieschen, Rettich, Tomaten, Zwiebeln	Kresse, Petersilie, Sellerie
Mais	Bohnen, Gurken, Kartoffeln, Kopfsalat, Kürbis, Tomaten, Zucchini	Rote Bete, Sellerie
Mangold	Buschbohnen, Kohlarten, Möhren, Radieschen, Salat	Rote Bete
Möhren	Chicorée, Dill, Erbsen, Knoblauch, Porree, Radieschen, Rettich, Salat, Spinat, Tomaten, Zwiebeln	Rote Bete, Pfefferminze
Paprika	Kohlarten, Möhren, Tomaten	Erbsen, Fenchel, Rote Bete
Petersilie	Gurken, Radieschen, Tomaten, Zwiebeln	alle Salatarten
Porree	Endivien, Erdbeeren, Kohlarten, Knoblauch, Möhren, Petersilie, Salat, Spinat, Tomaten	Bohnen, Erbsen, Rote Bete, Stangenbohnen
Radieschen, Rettich	Bohnen, Erbsen, Kohl, Möhren, Petersilie, Salat, Spinat, Tomaten	Gurken, Chinakohl
Rote Bete	Bohnen, Gurken, Kohl, Kohlrabi, Zwiebeln	Kartoffeln, Mangold, Porree, Spinat
Sellerie	Buschbohnen, Chinakohl, Gurken, Kamille, Kohl, Kohlrabi, Tomaten	Erbsen, Kartoffeln
Spinat	Erdbeeren, Kohlarten, Kohlrabi, Radieschen, Rettich, Tomaten	Rote Bete
Stangenbohnen	Gurken, Kapuzinerkresse, Kartoffeln, Kohlarten, Radieschen, Rettich, Rote Bete, Salat	Buschbohnen, Erbsen, Fenchel, Knoblauch, Paprika, Porree, Schnittlauch, Zwiebeln
Tomaten	Buschbohnen, Chicorée, Knoblauch, Kohlrabi, Möhren, Pastinaken, Petersilie, Porree, Radieschen, Ringelblumen, Salat, Sellerie, Spinat, Zwiebeln	Blaukraut, Erbsen, Fenchel, Gurken, Kartoffeln, Rote Bete
Zucchini	Basilikum, Kapuzinerkresse, Stangenbohnen, Zwiebeln	Gurken
Zwiebeln	Gurken, Kamille, Knoblauch, Möhren, Pastinaken, Rote Bete, Salat, Tomaten, Zucchini	Bohnen, Erbsen, Kartoffeln, Kohlarten, Porree

Salat ist immer ein gern gesehener Hochbeet-Bewohner.

Tagetes fördern die Gesundheit des Bodens.

zen sich mit welchen Nachbarn am besten vertragen und welche Nachbarschaften besser vermieden werden.

Daneben gibt es auch Pflanzen, die sich mit ihren Nachbarn generell gut vertragen. Zu ihnen gehören viele Kräuter, die sich meist positiv auf Wachstum und Aroma der Nutzpflanzen auswirken. Daher macht es Sinn, auch auf dem Gemüsehochbeet einige Kräuter zwischen die Nutzpflanzen zu setzen.

Pflanzen, die sich mit allen Nachbarn gut vertragen

- Basilikum
- Borretsch
- Dill
- Feldsalat
- Meerrettich
- Pflücksalat
- Ringelblumen
- Tagetes
- Bohnenkraut
- Dicke Bohnen
- Endivien
- Kapuzinerkresse
- Pastinaken
- Rhabarber
- Schwarzwurzel

Bei den in den nun folgenden Unterkapiteln vorgeschlagenen **Anbauplänen** werden jeweils Hochbeete in einer kleinen (für das Kinderbeet) bis mittleren Größe (bei allen anderen Beeten) von etwa 1,50 x 0,90 m beziehungsweise

einem Durchmesser von etwa 1,10 m bei runden Beetformen vorausgesetzt.

Für ein Hochbeet geeignete Gemüsearten

Allzu hoch wachsende Gemüsearten oder solche, die für einen ausreichend hohen Ernteertrag eine größere Fläche beanspruchen, eignen sich für ein Hochbeet nur in Ausnahmefällen. Beispiele dafür sind Buschbohnen, Mais oder Spargel zu nennen.

Besonders geeignet sind dagegen Gemüsearten, die sich dadurch auszeichnen, dass sie schon mit wenigen Pflanzen einen hohen Ertrag hervorbringen können, wie es etwa bei Tomaten, Gurken, Kürbissen, Zucchini oder Paprika der Fall ist. Ebenso verhält es sich mit Pflanzen, von denen fortlaufend Blätter geerntet werden, wie es bei Pflücksalaten und vielen Kräutern geschieht, so bei Basilikum, Rosmarin, Schnittlauch oder Petersilie.

Tagetes

Weder Küchenkraut noch Gemüse, dennoch gern gesehene Bewohner des Nutzgartens sind Tagetes, die im Volksmund auch **„Studentenblumen"** genannt werden. Gelegentlich wird

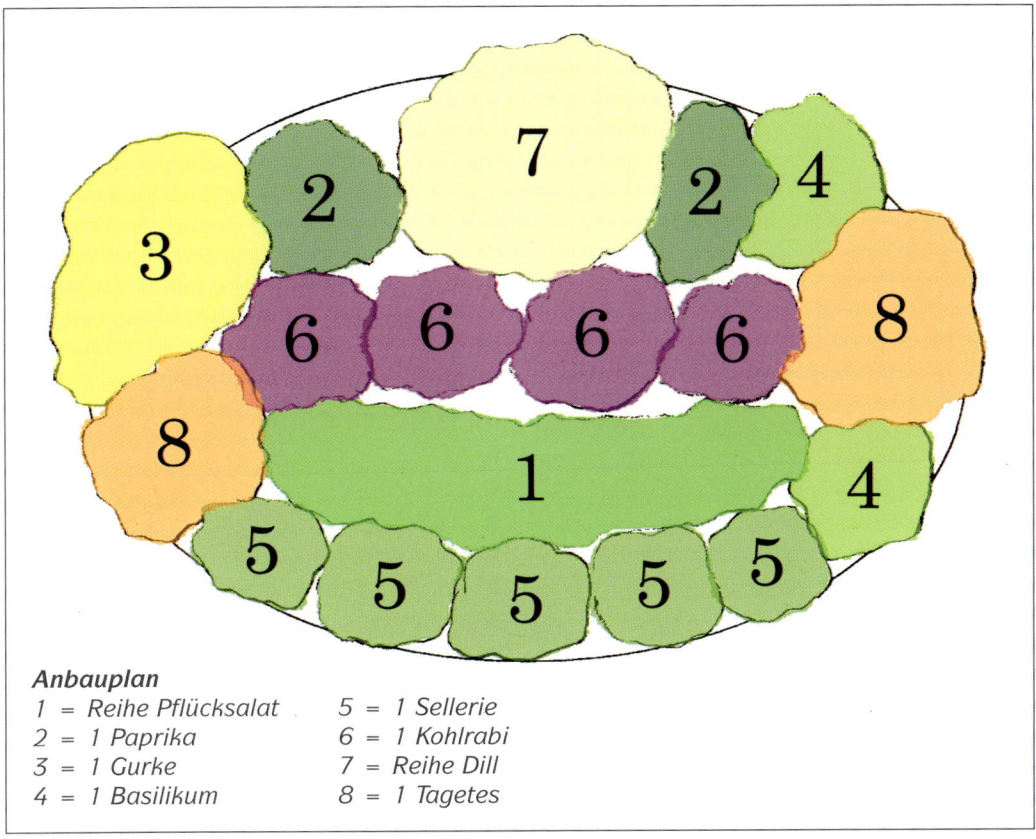

Anbauplan

1 = Reihe Pflücksalat	5 = 1 Sellerie
2 = 1 Paprika	6 = 1 Kohlrabi
3 = 1 Gurke	7 = Reihe Dill
4 = 1 Basilikum	8 = 1 Tagetes

diese Pflanzenart, von der es sehr hübsche Sorten gibt, auch als **„Pflanzendoktor"** bezeichnet, was mit ihren die Bodengesundheit fördernden Wurzelausscheidungen zusammenhängt, die dafür bekannt sind, dass sie schädliche Nematoden vertreiben und somit auch das Wachstum von Gemüse und Kräutern fördern.

Vor allem auch die kleinblütigen Tagetessorten sind sehr dekorative Pflanzen, die ihren Platz im Gemüsegarten durchaus auch aus optischen Gründen verdienen.

Der hier vorgeschlagene **Anbauplan** versteht sich als eine von vielen Möglichkeiten, ein Beet mittlerer Größe zu bepflanzen, und soll ein Gefühl für die **Anzahl der Pflanzen** geben, die auf einem Hochbeet Platz finden.

Faustregel

Lieber zu wenige als zu viele Pflanzen setzen!

Es ist jeweils angegeben, ob entweder **einzelne Pflanzen** gesetzt werden oder ob in **Reihe** beziehungsweise flächig in kleinen Gruppen gepflanzt oder ausgesät wird!

Das Küchenkräuterhochbeet

Frische Kräuter aus dem Garten sind gesund, haben ein unnachahmliches Aroma und bestechen dazu noch durch ihr äußerst dekoratives Erscheinungsbild. Für viele ist dies ein Grund, sich beim Gärtnern sogar ganz oder überwiegend auf den Anbau von Gartenkräutern zu beschränken. Im Falle des Anbaus auf einem Hochbeet wird man Kräuter wählen, die in etwa die gleichen Ansprüche an den Standort haben. Viele Kräuter sind ausgesprochene Sonnenanbeter und ein Platz in voller Sonne behagt ihnen daher sehr.

Es gibt natürlich auch Kräuter, die auf Hochbeeten im Halbschatten gut wachsen, sowie recht unkomplizierte, die sowohl an sonnigen wie auch an halbschattigen Standorten gedeihen.

Kräuter für ein Hochbeet in voller Sonne

- Anis (*Pimpinella anisum*)
- Basilikum in Arten (*Ocimum* ssp.)
- Blaue Weinraute (*Ruta graveolens*)
- Berg-Bohnenkraut (*Satureja montana*)
- Currykraut, Italienische Strohblume (*Helichrysum italicum*)
- Dill, Gurkenkraut (*Anethum graveolens*)
- Estragon (*Artemisia dracunculus*)
- Fenchel (*Foeniculum vulgare*)
- Kamille (*Matricaria recutita*)
- Katzenminze (*Nepeta cataria*)
- Kümmel (*Carum carvi*)
- Lavendel (*Lavandula angustifolia*)
- Majoran (*Origanum majorana*)
- Muskatellersalbei (*Salvia sclarea*)
- Oregano (*Origanum vulgare*)
- Pimpinelle, Kleiner Wiesenknopf (*Sanguisorba minor*)
- Rosmarin (*Rosmarinus officinalis*)
- Salbei (*Salvia officinalis*)
- Schildampfer (*Rumex scutatus*)
- Thymian, Quendel (*Thymus vulgaris*)
- Tripmadam, Felsen-Fetthenne (*Sedum rupestre*)
- Wermut (*Artemisia absinthum*)
- Zitronenverbene, Zitronenstrauch (*Aloysia triphylla*)

Kräuter für ein Hochbeet im Halbschatten

- Agastache, Anis-Ysop (*Agastache anisata*)
- Bärlauch (*Allium ursinum*)
- Bohnenkraut (*Satureja hortensis*)
- Borretsch (*Borago officinalis*)
- Estragon (*Artemisia dracunculus*)
- Gartenkresse (*Lepidium sativum*)
- Kerbel, Gartenkerbel (*Anthriscus cerefolium*)
- Knoblauchsrauke (*Alliaria petiolata*)
- Liebstöckel, Maggikraut (*Levisticum officinale*)
- Melisse, Zitronenmelisse (*Melissa officinalis*)
- Minzearten (*Mentha* ssp.)
- Petersilie (*Petroselinum crispum*)
- Pimpinelle, Kleiner Wiesenknopf (*Sanguisorba minor*)
- Rucola, Garten-Senfrauke (*Eruca sativa*)
- Schnittlauch (*Allium schoenoprasum*)
- Süßdolde, Myrrhenkerbel (*Myrrhis odorata*)
- Stevia (*Stevia rebaudiana*) – natürliche Süßkraft der Blätter!
- Waldmeister (*Galium odoratum*)
- Zitronengras, Lemongras (*Cymbopogon citratus*)

Bärlauch   Kamille   Lavendel

Majoran   Minze   Petersilie

Rosmarin   Salbei   Schnittlauch

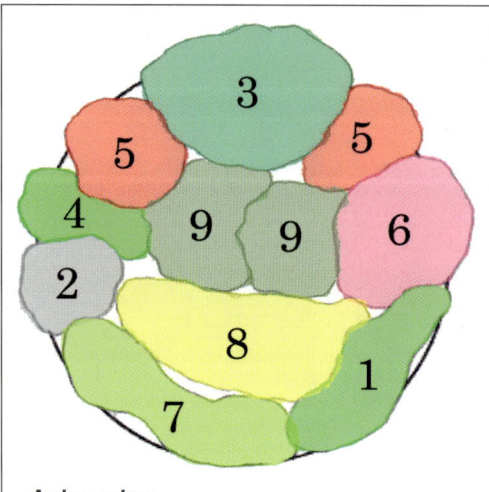

Anbauplan
(sonniger Standort)
1 = Reihe Thymian, Quendel
2 = 1 Currykraut
3 = 1 Rosmarin
4 = 1 Basilikum
5 = 1 Rotblättriges Basilikum
6 = 1 Muskatellersalbei
7 = Reihe Bergbohnenkraut
8 = Reihe Kamille
9 = Majoran

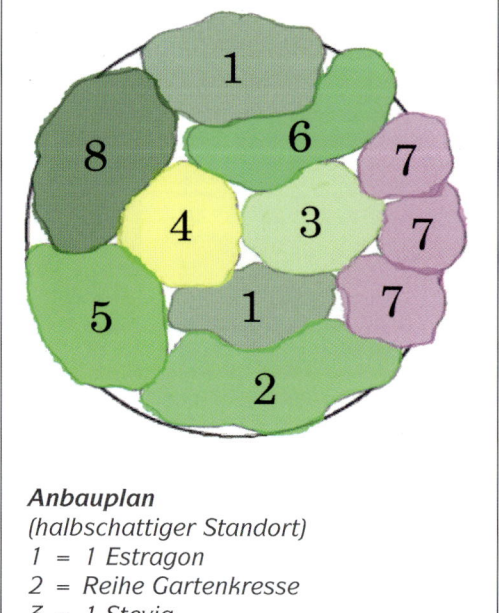

Anbauplan
(halbschattiger Standort)
1 = 1 Estragon
2 = Reihe Gartenkresse
3 = 1 Stevia
4 = 1 Zitronengras
5 = Reihe Petersilie
6 = Reihe Schnittlauch
7 = 1 Agastache, Anis-Ysop
8 = Reihe Rucola

Das mediterrane Hochbeet

Pflanzen des Mittelmeerraumes erfreuen sich in vielen Gärten einer ganz besonderen Beliebtheit, kündet ihr Vorhandensein doch von milder Wärme und strahlendem Sonnenschein. Der Anblick von Rosmarin, Lavendel oder Zitronenbäumen sowie ihr aromatischer Duft geben uns dabei das Gefühl, im Urlaub zu sein.

Die Klimaerwärmung trug ebenfalls dazu bei, dass immer mehr mediterrane Gewächse den Weg in ganz normale mitteleuropäische Gärten finden, um dort ihr unverwechselbares südländisches Flair versprühen zu dürfen. Doch Kli-

maerwärmung hin oder her, in Bezug auf unseren Garten sollte uns das nicht weiter bekümmern. Erfreuen wir uns stattdessen einfach an der Schönheit der mediterranen Flora und widmen den zauberhaften „Südländern" vielleicht sogar ein eigenes Hochbeet.

Bei der Zusammenstellung eines Bepflanzungsplanes sollten auch die Regeln der Mischkultur Beachtung finden. Das hier gegebene Beispiel versucht zwischen ansprechender Ästhetik sowie einem hohen Nutzwert der Pflanzen zu vermitteln.

Mediterrane Pflanzen für ein Hochbeet

- Agave (*Agave* ssp.) – nur Sommerquartier
- Aloe Vera (*Aloe vera*) – nur Sommerquartier
- Aubergine, Eierfrucht (*Solanum melongena*)
- Basilikum (*Ocimum basilicum*)
- Blaue Mauritius, Kriechende Winde (*Convolvulus sabatius*) – kalkhaltiger, trockener Standort
- Blaues Gänseblümchen (*Brachyscome iberidifolia*)
- Kapmargerite, Kapkörbchen (*Osteospermum barberae*)
- Katzenminze (*Nepeta cataria*)
- Knoblauch (*Allium sativum*)
- Königskerzen (*Verbascum* ssp.)
- Kumquat-Stämmchen, (*Fortunella* ssp.) – nur Sommerquartier
- Lavendel (*Lavandula angustifolia*)
- Mittagsblume (*Aptenia cordifolia*)
- Olive, Ölbaum (*Olea europaea*) – klein bleibendes Hochstämmchen
- Oregano (*Origanum vulgare*)
- Paprika, Peperoni (*Capsicum annuum*)
- Pelargonie (*Pelargonium* ssp.)
- Rosmarin (*Rosmarinus officinalis*)
- Salbei (*Salvia officinalis*)
- Thymian (*Thymus vulgaris*)
- Tomate, fleischige Sorten (*Solanum lycopersicum*)
- Wolfsmilch, niedrige Arten (*Euphorbia* ssp.)
- Yucca, Palmlilie (*Yucca baccata*)
- Zitronenbäumchen (*Citrus* ssp.) – nur Sommerquartier
- Zucchini (*Cucurbita pepo* ssp.)

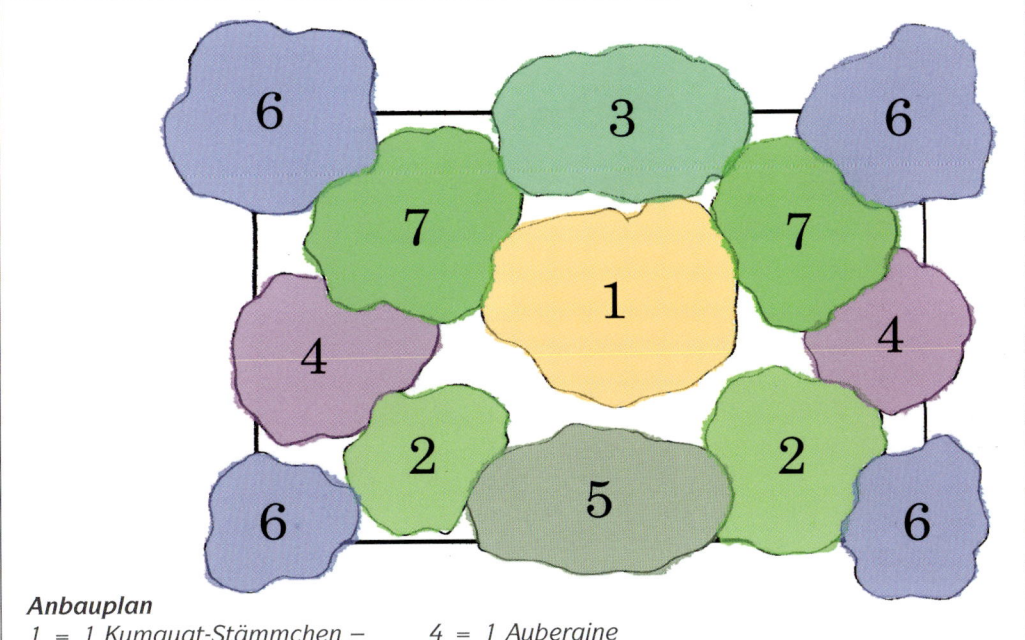

Anbauplan
1 = 1 Kumquat-Stämmchen – nur als Sommerquartier
2 = 1 Basilikum
3 = 1 Rosmarin
4 = 1 Aubergine
5 = Reihe Thymian
6 = 1 blaues Gänseblümchen
7 = 1 Fleischtomate

Aloe Vera

Kapmargerite

Aubergine

Königskerze

Mittagsblume

Pelargonie

Wolfsmilch

Das Duftpflanzenhochbeet

„Düfte sind die Gefühle der Blumen"
Aus „Die Harzreise" von Heinrich Heine
(deutscher Dichter, 1797–1856)

Man könnte durchaus behaupten, dass jedes Hochbeet geradezu prädestiniert dafür ist, herrlich duftende Pflanzen zu beherbergen. Schließlich wachsen diese doch ganz praktisch schon in Nasenhöhe, sodass ihr betörender Duft von jedermann wahrgenommen wird, der sich in die Nähe eines Duftpflanzenhochbeetes begibt. In manchen Fällen entweicht der liebliche Wohlgeruch nicht nur den Blüten! Auch verströmen viele Blätter einen angenehmen Duft, wenn man sie berührt oder ganz leicht an ihnen reibt.

Die schönsten Duftpflanzen für das Hochbeet

- Ananasminze, Apfelminze (*Mentha rotundifolia*) – duftende Blätter!
- Bananenminze (*Mentha arvensis „Banana"*) – duftende Blätter!
- Bechermalve (*Lavatera trimestris*)
- Duftende Bisamblume (*Amberboa moschata*)
- Duftgeranie (*Pelargonium crispum*) – duftende Blätter, viele Sorten mit ganz unterschiedlichen Duftnoten!
- Duftresede (*Reseda odorata*)
- Duftschöterich (*Erysimum pachycarpum*)
- Duftskabiose (*Scabiosa canescens*)
- Duftsteinrich (*Lobularia maritima*)
- Duftveilchen (*Viola odorata*)
- Duftwicke (*Lathyrus odoratus*)
- Erdbeerminze (*Mentha spec. „Erdbeere"*) – duftende Blätter!
- Gartenlevkoje (*Matthiola incarna*) – duften nachts!
- Gemshorn (*Matthiola bicornis*) – duftet nachts!
- Goldlack (*Erysimum cheiri*)
- Hyazinthe, Gartenhyazinthe (*Haycinthus orientalis*) – Frühblüher, Zwiebelpflanze!
- Indianernessel, Goldmelisse „Oswego-Tee" (*Monarda didyma*) – duftende Blätter!
- Orangenthymian (*Thymus fragrantissimus*) – duftende Blätter!
- Phloxsorten (*Phlox douglasii*)
- Prachtnelke (*Dianthus superbus*)
- Schleifenblume (*Iberis saxatilis*)
- Schokoladenblume (*Berlandiera lyrata*)
- Schokoladenkosmee (*Cosmos atrosanguineus*)
- Traubenhyazinthe (*Muscari* ssp.)
- Vanilleblume (*Heliotropium arborescens*)
- Zitronenthymian (*Thymus*) – duftende Blätter!
- Zitronenverbene, Zitronenstrauch (*Aloysia triphylla*) – duftende Blätter!

Damit nicht zu viele verschiedene Düfte unsere Sinne reizen, lohnt sich der Anbau nur weniger Duftpflanzen auf einem gemeinsamen Beet. Auch sollten die Duftnoten miteinander harmonieren, was man jedoch nur herausfinden kann, wenn man sie einem „Schnuppertest" unterzieht". Viele botanische Gärten oder Naturerlebnisgärten beherbergen häufig auch Duftpflanzen, die als solche gekennzeichnet sind. Wer einmal an den Pflanzen gerochen hat, weiß automatisch, welche Düfte er liebt und welche ihm eher unangenehm sind. Daher versteht sich das hier angeführte Beispiel eines Duftpflanzenhochbeetes auch als sanfter Einstieg in die Welt der Pflanzendüfte.

Hyazinthen und Goldlack sorgen schon im zeitigen Frühjahr für zarte Dufterlebnisse. Im Laufe des Sommers schieben Polsterphlox,

Bechermalve

Duftgeranie

Indianernessel

Thymian und Schleifenblumen nach und nach ihre Polster dekorativ über den Hochbeetrand. Und selbst bei einem nächtlichen Spaziergang durch den Garten entströmt dem Hochbeet noch ein zarter Duft!

Bei der hier vorgeschlagenen Bepflanzung eines Dufthochbeetes werden im Frühling die Blau- und Gelbtöne dominieren, während im Sommer das Beet dann hauptsächlich in den Farben Weiß, Rosa und Blau leuchten wird.

Duftwicken

Bunte Duftwicken freuen sich über eine Rankhilfe in Form eines leichten Metall- oder Drahtgerüstes oder einiger Bambusstäbe, die man in die Erde steckt. Man wird die reich blühenden Pflanzen daher im Hintergrund des Beetes platzieren.

Wicken blühen umso üppiger, je mehr Blüten man von ihnen abschneidet.
Zahlreiche duftende Wickensträuße sind dem Duftpflanzengärtner demnach in jedem Fall gewiss und er wird sie mit Sicherheit auch gerne verschenken.

Phloxsorte

Traubenhyazinthe

Zitronen-Thymian

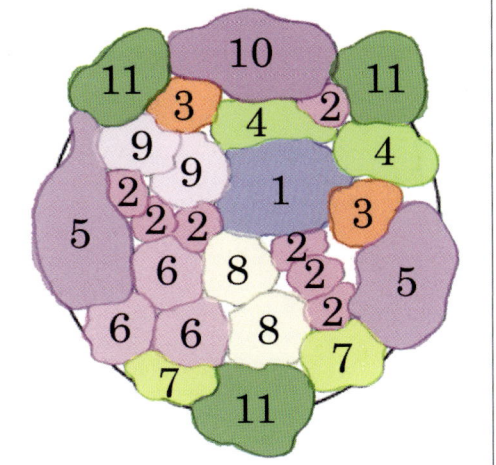

Anbauplan
1 = Reihe Traubenhyazinthen –
    für den Frühlingsflor
2 = 1 Hyazinthe, bunte Mischung oder
    nach Farben zusammengestellt –
    für den Frühlingsflor
4 = 1 Indianernessel
3 = Reihe Goldlack – für den Frühlingsflor
5 = Reihe Gartenlevkojen – duften nachts!
6 = 1 Prachtnelke
7 = 1 Orangenthymian
8 = 1 Bechermalve, weiß blühend
9 = 1 Bechermalve, rosa blühend
10 = Reihe Duftwicken-Mischung –
     im Hintergrund am Rankgitter
11 = 1 Schleifenblume

Das „wilde" Hochbeet

Das Vorurteil, dass heimische Wildblumen nur sehr unscheinbare Blüten mit wenig Zierwert hervorbringen können, ist weit verbreitet. Doch irrt sich gewaltig, wer bisher daran glaubte, dass die heimische Blütenwelt nicht auch mit außergewöhnlicher Schönheit und Ausstrahlung zu beeindrucken weiß.

Zwar besitzen viele Wildpflanzen eine eher dezente Erscheinung, doch gibt es auch unter den „Wilden" im Gartenbeet viele ausgefallene Exemplare, die mit ihrem natürlichen Farbenspiel sowie interessantem Wuchs und Blühfreudigkeit die Aufmerksamkeit auf sich ziehen. Auf den ungefüllten Blüten der Wildblumen fühlen sich viele Insekten eingeladen, hier Pollen und Nektar zu sammeln.

Vergleicht man gefüllte Zuchtsorten mit heimischen Wildblumen in Bezug auf die Anzahl ihrer Blütenbesucher, so fällt ein starkes Gefälle zu Ungunsten der Zierpflanzen auf. Hochgezüchtete Blütenpflanzen werden meist nur noch von sehr wenigen Insektenarten besucht. Ihr Nutzen für den Natur- und Artenschutz ist damit ungleich geringer als der ihrer wilden Verwandten.

Wer daher wilde Schönheiten in seinem Garten kultivieren möchte, erhält weit mehr als lediglich bunt blühende, dekorative Blumenrabatten. Durch umfangreiche symbiotische Beziehungen, die Wildpflanzen mit anderen Pflanzen, Tieren sowie ihrer Umwelt ganz allgemein eingehen, sind auch vielfältige Beobachtungen an den Pflanzen möglich. Spannende Naturerlebnisse sind allen Wildpflanzengärtnern demnach garantiert.

Durch ihren besonders üppigen Wuchs im Verbund mit verschwenderischer Blütenfülle bereiten die unkomplizierten heimischen Gewächse auch dem Gartenneuling viel Freude.

Das Pflücken von kunterbunten Wildblumensträußen macht vor allem Kindern Spaß und regt die Pflanzen meist noch zur Blütenbildung an.

Werden die schönsten Wildpflanzen auf einem Hochbeet angebaut, wandern sie von dort aus meist durch den ganzen Garten und sind alsbald an den ungewöhnlichsten Orten zu finden.

In Bezug auf **Wildblumen** gilt:

Wer eine einzige Wildblume sät,
wird unzählige Blüten ernten!

Spezielle Erdmischungen für die wilden Schönen

Allzu „fette" Böden verhindern meist die üppige Blütenfülle der wilden Schönheiten. Die meisten von ihnen mögen eher magere Böden, um besonders zahlreiche sowie ansehnliche Blüten hervorzubringen. Daher sieht die Füllung eines Wildblumenhochbeetes anders aus als die eines Gemüsehochbeetes.

Schon beim Befüllen sollte man daher an die Bedürfnisse der „Wildlinge" denken. Deshalb wird weit weniger an kompostierbarem Nährmaterial, wie Küchen- und Gartenabfälle, eingefüllt und stattdessen Bauschutt, Schotter, jede Art von Gesteinen, Holzstrünke, Sand, Kies und vieles mehr verwendet. Die meisten Wildblumen werden sich darüber freuen.

Ein kleiner Anteil des Substrates sollte jedoch dennoch aus Kompost oder gehaltvoller Erde bestehen. Eine Mischung aus Lehm, Kompost und Sand oder Schotter hat sich sehr bewährt, um darauf Wildblumen anzusäen.

Die meisten – und ansehnlichsten – Wildblumen lieben außerdem einen durchlässigen Boden und verabscheuen Staunässe. In ein Hochbeet, auf dem sich Wildblumen wohlfühlen sollen, wird demnach zu einem Großteil steiniges Material eingefüllt, das auch für eine gute Drainage sorgt.

Ein derart aufgebautes Beet zeichnet sich durch sein relativ beständiges Beetinnenvolumen aus, sodass hier nur selten Substrat nachgefüllt werden muss. Dadurch wird es sehr viel einfacher, auch ausdauernde Stauden anzubauen, womit sich das Spektrum der Wildpflanzenvielfalt deutlich erhöht. Eine wunderschöne Auswahl der interessantesten Arten von Wildblumen kann auf diese Weise den Weg in ein Hochbeet finden.

Durch das höhere Gewicht der Füllung im Inneren des Beetes muss allerdings auch mehr Wert auf die Stabilität des Rahmens gelegt werden, der zum Bau des Hochbeetes konstruiert wurde. Stabile Werkstoffe sind hier also vonnöten. Hierzu zählen Holzbohlen oder ausreichend dicke Bretter, Betonformsteine oder anderes schweres Steinmaterial, wozu Steine zum Mauern oder auch Granit- und Basaltpalisaden gehören.

Ausnahme – Wildpflanzen für nahrhafte Standorte

Keine Regel ohne Ausnahme! Da wilde Blumen in der Natur beinahe jeden Standort besiedelt haben, gibt es natürlich auch hübsche Arten, die auf nährstoffreichen Böden gedeihen. Daher kann auf diese Pflanzen zurückgegriffen werden, wenn nicht extra ein magerer Standort auf dem Beet erzeugt werden soll oder kann und das Beet wechselweise auch für Gemüse, Kräuter oder andere Pflanzen genutzt wird.

Für ein Hochbeet jedoch völlig ungeeignet sind Wildpflanzen, die an moorigen, sumpfigen oder besonders feuchten Standorten vorkommen. Dennoch gilt auch hier wieder, dass es immer wieder Ausnahmen gibt und Pflanzen der Feuchtgebiete manchmal auch sehr tolerant gegenüber Zeiten der Trockenheit sind. Wichtig ist, das Beet regelmäßig zu wässern, sodass die Pflanzen niemals allzu lange durstig bleiben müssen.

Wichtig!

Soll das Wildblumenhochbeet zusätzlich oder wechselweise auch für Gemüse und Kräuter genutzt werden, sind ein- oder zweijährige Wildblumen für nährstoffreichere Standorte zu bevorzugen (siehe Liste „Fette Standorte"!).

Werden dennoch ausdauernde Wildstauden auf einem gemischt genutzten Hochbeet kultiviert, bekommen diese entweder bei einer Neuschichtung des Beetes einen neuen Platz im Garten oder man pflanzt sie, nachdem die ganz normalen jährlichen Auffüllarbeiten am Hochbeet beendet sind, wieder neu dort ein.

Die schönsten Wildpflanzen für das Hochbeet – Magere Standorte

- Alant, Rauer Alant (*Inula hirta*) – Staude!
- Arnika, Bergwohlverleih (*Arnica montana*) – Staude für saure Böden!
- Astlose Graslilie (*Anthericum liliago*) – Staude!
- Blutstorchschnabel (*Geranium sanguineum*) – Staude!
- Diptam, Aschwurz (*Dictamus albus*) – Giftpflanze!
- Ehrenpreis, Ähriger Ehrenpreis, Ähriger Blauweiderich (*Veronica spicata*) – Staude!
- Färberkamille (*Anthemis tinctoria*) – zweijährig!
- Fetthenne, Große Fetthenne (*Sedum maximum*) – Staude!
- Glockenblume, Pfirsichblättrige Glockenblume (*Campanula persicifolia*) – mehrjährig!
- Glockenblume, Rundblättrige Glockenblume (*Campanula rotundifolia*) – mehrjährig!
- Goldlack (*Erysimum cheiri*) – zweijährig!
- Grasnelke (*Armeria* ssp.) – mehrjährig!
- Hainveilchen (*Viola riviniana*) – mehrjährig!
- Heidenelke (*Dianthus deltoides*) – Staude!
- Heilziest (*Stachys officinalis*) – Staude!
- Karthäusernelke (*Dianthus carthusianorum*) – Staude!
- Knöterich, Schneckenknöterich (*Polygonium affine*) – Staude!
- Küchenschelle (*Pulsatilla vulgaris*) – Staude!
- Lein, Gemeiner Flachs (*Linum usitatissimum*) – einjährig!
- Lein, Roter Lein (*Linum grandiflorum*) – einjährig!
- Leinkraut, Echtes Leinkraut (*Linaria vulgaris*) – mehrjährig!
- Margerite (*Leucanthemum vulgare*) – mehrjährig!
- Mauerpfeffer, Scharfer Mauerpfeffer (*Sedum acre*) – Staude!
- Natternkopf, Blauer Heinrich (*Echium vulgare*) – zweijährig!
- Nelkenleimkraut (*Silene armeria*) – einjährig!
- Ochsenauge (*Buphthalmum salicifolium*) – mehrjährig und kalkliebend!
- Orangerotes Habichtskraut (*Hieracium aurantiacum*) – mehrjährig!
- Pechnelke, Gewöhnliche Pechnelke (*Lychnis viscaria*) – Staude!
- Pfingstnelke (*Dianthus gratianopolitans*) – Staude!
- Taubenkropfleimkraut (*Silene vulgaris*) – Staude!
- Tripmadam (*Sedum reflexum*) – Staude!
- Violette Königskerze (*Verbascum phoenicum*) – zweijährig!
- Wimperperlgras (*Melica ciliata*) – Staude!
- Wolfsmilcharten (*Euphorbia*) – meist mehrjährig!
- Wollziest (*Stachys byzantina*) – Staude!
- Wundklee (*Anthyllis vulneraria*) – mehrjährig!
- Zittergras (*Briza maxima*) – einjährig!
- Zwergglockenblume (*Campanula cochleariifolia*) – Staude!

Ehrenpreis	Grasnelke	Habichtskraut
Knöterich	Königskerze	Margerite
Wilde Pfingstnelke	Taubenkropfleimkraut	Waldziest

Die schönsten Wildpflanzen für das Hochbeet – Fette Standorte

- Ackerringelblume (*Calendula arvensis*) – einjährig!
- Ackerrittersporn (*Consolida regalis*) – einjährig!
- Ackerwachtelweizen (*Melampyrum arvense*) – einjährig auf kalkhaltigen Böden!
- Ackerwitwenblume (*Knautia arvensis*) – mehrjährig!
- Akelei (*Aquilegia vulgaris*) – Staude!
- Bergaster, Kalkaster (*Aster amellus*) – Staude!
- Doldenmilchstern (*Ornithogalum umbellatum*) – ausdauernde Zwiebelpflanze!
- Frauenmantel *(Alchemilla vulgaris)* – Staude!
- Frauenspiegel, Venusfrauenspiegel (*Legousia speculum-veneris*) – einjährig!
- Frühlingsadonisröschen (*Adonis vernalis*) – Staude!
- Gelber Fingerhut (*Digitalis grandiflora*) – zweijährige Giftpflanze!
- Gelber Lerchensporn (*Corydalis lutea*) – Staude! Schattig bis halbschattig!
- Glockenblume, Borstige Glockenblume (*Campanula cervicaria*) – zweijährig!
- Hornklee (*Lotus corniculatus*) – mehrjährig!
- Kalifornischer Mohn, Goldmohn, Schlafmützchen (*Eschscholzia californica*) – einjährig!
- Kamille (*Matricaria recutita*) – einjährig!
- Klatschmohn (*Papaver rhoeas*) – einjährig!
- Knäuelglockenblume (*Campanula glomerata*) – mehrjährig!
- Knöterich, Schneckenknöterich (*Polygonium affine*) – Staude!
- Kornblume (*Centaurea cyanus*) – einjährig!
- Kornrade (*Agrostemma githago*) – einjährig!
- Kriechender Günsel (*Ajuga reptans*) – mehrjährig!
- Malve, Wilde Malve, Käsepappel *(Malva sylvestris)* – mehrjährig!
- Moschusmalve (*Malva moschata*) – Staude!
- Pfennigkraut (*Lysimachia nummularia*) – Staude!
- Rispenflockenblume (*Centaurea stoebe*) – Staude!
- Seifenkraut (*Saponaria officinalis*) – mehrjährig!
- Saatwucherblume (*Chrysanthemum segetum*) – einjährig!
- Skabiosenflockenblume (*Centaurea scabiosa*) – einjährig!
- Sommeradonisröschen (*Adonis aestivalis*) – einjährig!
- Sterndolde, Große Sterndolde (*Astrantia major*) – mehrjährig!
- Traubenhyazinthe (*Muscari* ssp.) – ausdauernde Zwiebelpflanze!
- Waldziest (*Stachys sylvatica*) – Staude!
- Wegwarte, Zichorie (*Cichorium intybus*) – Staude!
- Wiesenglockenblume (*Campanula patula*) – zweijährig!
- Wiesenstorchschnabel (*Geranium pratense*) – Staude!
- Wiesensalbei (*Salvia pratensis*) – mehrjährig!

Alpenaster	Frauenmantel	Hornklee
Wilde Malve	Mohn	Ringelblume
Skabiosenflockenblume	Wiesensalbei	Zichorie

Die im Folgenden empfohlenen Pflanzen zur Bepflanzung eines „wilden" Hochbeetes sind relativ anspruchslos. Sie wachsen auf halbtrockenen Böden mit mittlerem Nährstoffgehalt und sind daher als genügsam und wenig empfindlich zu bezeichnen. Beobachtet man bereits existierende Pflanzengemeinschaften an ihren Naturstandorten, so zeigt sich, dass auch Wildblumen ganz bestimmte Vorlieben haben, was ihre Nachbarn angeht.

Bei der Zusammenstellung des Anbauplanes wurde versucht, nicht nur auf diese Umstände Rücksicht zu nehmen, sondern auch darauf, dass Blütenfarbe, Wuchshöhe und Standortbedingungen der hier vorgeschlagenen Wildblumen miteinander harmonieren sollten.

Heilende Pechnelke

Der Pechnelke wird nachgesagt, dass sie ganz allgemein die Abwehrkräfte der in ihrer Umgebung wachsenden Pflanzen stärkt. Sie ist daher auch ein gern gesehener Gast auf dem Wildpflanzenhochbeet und ziert dieses mit ihren wundervoll pinkfarbenen Polstern, die sie in ihrer Üppigkeit gerne dekorativ über den Rand des Beetes schiebt!

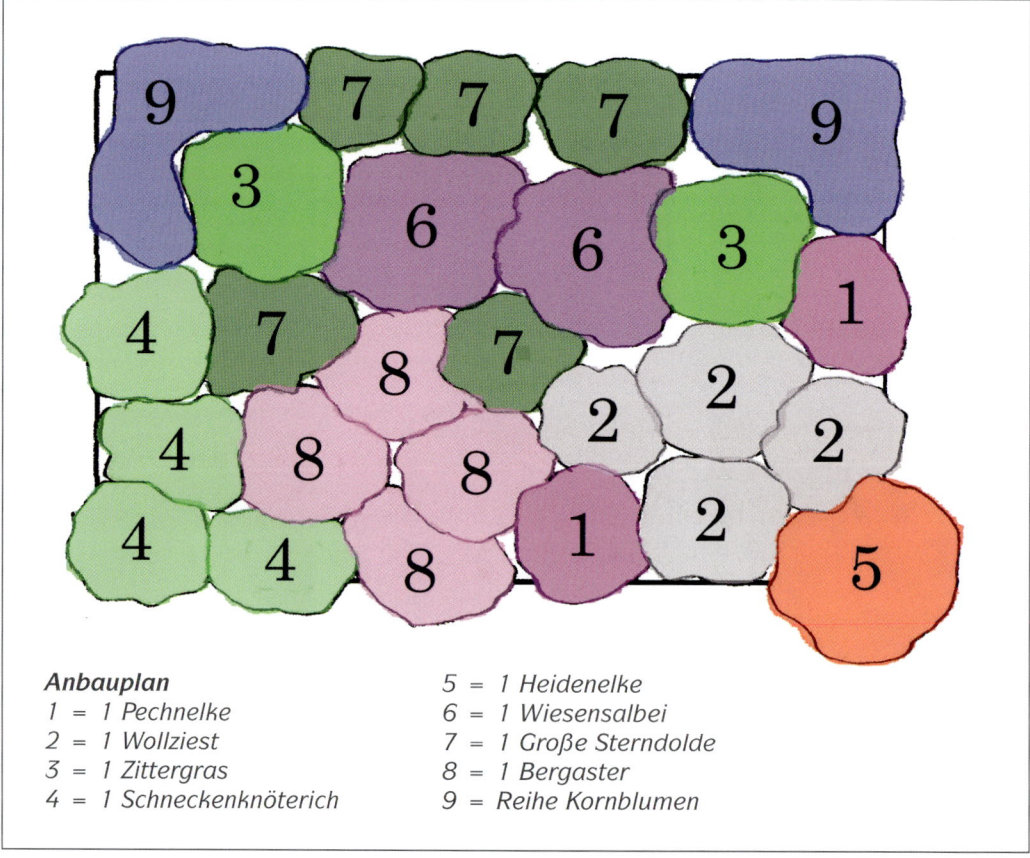

Anbauplan

1 = 1 Pechnelke
2 = 1 Wollziest
3 = 1 Zittergras
4 = 1 Schneckenknöterich
5 = 1 Heidenelke
6 = 1 Wiesensalbei
7 = 1 Große Sterndolde
8 = 1 Bergaster
9 = Reihe Kornblumen

Das Kinderhochbeet

Die Begeisterung für Natur und Garten wird jedem Kind sozusagen in die Wiege gelegt.

Fragt man Erwachsene jedoch nach ihrer Beziehung zum Garten und vor allem zu den darin anfallenden Arbeiten, so erhält man leider viel zu häufig Antworten, die besagen, dass sie in der Kindheit nicht selten zur Gartenarbeit gezwungen wurden und daher kein besonders gutes Verhältnis zur Gartenarbeit haben. Vor allem Nutzgärten scheinen diesen schlechten Ruf zu genießen.

Dass es auch anders gehen kann, beweisen die Menschen, die ihren Garten als den schönsten Ort der Welt bezeichnen und dort mit großer Begeisterung und Leidenschaft neben Blumen auch Kräuter und gesundes Gemüse heranziehen. Das Ziel jeder Erziehungsarbeit sollte es sein, die Begeisterung für Umwelt und Natur bei Kindern zu fördern und ihr Nahrung zu geben, indem hier ausnahmslos gewinnbringende Erfahrungen gesammelt werden. Der Nutzgarten ist ein idealer Ort, an dem Kinder und Erwachsene – auch gemeinsam – Erfahrungen mit Pflanzen sammeln und Tiere beobachten können. Doch werden Kinder nur dann Freude beim Aufenthalt in einem Garten haben, wenn sie dort selbstständig arbeiten und aktiv bei der Gestaltung und Pflege des Gartens mitmachen können. Ein eigenes Hochbeet, das auch gar nicht mehr allzu hoch sein muss, macht mit Sicherheit allen Kindern Spaß!

Einige, vor allem kleinere Kinder, werden noch Hilfe bei dessen Bearbeitung brauchen, andere möchten ihren kleinen Garten lieber ganz alleine versorgen.

Schon sehr kleine Kinder können lernen, die Verantwortung für Pflanzen zu übernehmen, wenn man mit ihnen gemeinsam dafür sorgt, dass die Pflanzen an heißen Tagen ausreichend Wasser bekommen. Sie erkennen sehr schnell, dass man gegen welke Blätter selbst etwas tun kann.

Doch haben fast alle Kinder eines gemeinsam: Sie bringen meist wenig Geduld auf, was die Schnelligkeit des Pflanzenwachstums betrifft. Daher sollte man schnell wachsende Pflanzen generell bevorzugen und Aussaaten immer auch mit dem Setzen von schon „fertigen" Pflanzen kombinieren. Ein kunterbuntes Blumen-Gemüse-Beet macht den meisten Kindern Freude.

Dabei haben sich folgende Pflanzen ganz besonders bewährt.

Geeignete Pflanzen für ein Kinderhochbeet

- Bohnen
- Erbsen
- Erdbeeren
- Gartenkresse
- Gurken
- Kapuzinerkresse
- Karotten, Möhren
- Kartoffeln
- Kohlrabi
- Kürbis
- Kalebasse
- Petersilie
- Radieschen
- Ringelblumen
- Rote Bete
- Salat-Arten
- Sauerampfer
- Schnittlauch
- Tomaten
- Zierkohl
- Zucchini
- Zwiebeln

Neben Ringelblumen und Kapuzinerkresse eignen sich auch viele andere **einjährige Sommerblumen, wie Löwenmäulchen, Klatschmohn oder Bechermalven**, für den Anbau auf einem Kinder-Hochbeet. Kinder lieben bunte Blumen! Sie pflücken für ihr Leben gerne kleine bunte Blumensträuße und verschenken sie immer gerne an Menschen, die sie mögen! Daher sollten bunte Blüten auf keinem Kinderbeet fehlen!

Erdbeere    Kartoffel    Kohlrabi

Zierkohl    Zucchini    Löwenmäulchen

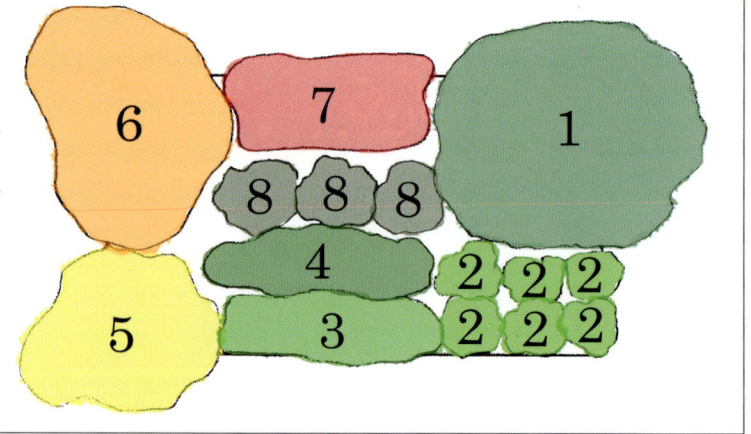

Anbauplan
1 = 1 Zucchini
2 = 1 Kopfsalat
3 = Reihe Möhren
4 = Reihe Schnittlauch
5 = 1 Gurke
6 = 1 Kapuzinerkresse
7 = Reihe bunte
    Sommerblumen
8 = 1 Zierkohl

Zierkohl

Eine sehr schöne „Kinderpflanze" ist auch der vielfarbige Zierkohl (*Brassica oleracea* ssp.), der ein Schmuck für jedes Beet ist. Die wenigsten wissen, dass die dekorativen kleinen Kohlköpfe, die es in Weiß, Gelb oder Rottönen gibt, auch durchaus essbar sind. Zierkohl ist eng mit dem Grünkohl verwandt. Man kann die schönen Blätter zum Garnieren benutzen oder die ganzen Köpfe wie Wirsing zubereiten. Das Gemüse enthält besonders viel Vitamin A und C sowie die Mineralien Kalzium, Phosphor, Kalium und Eisen. Zierkohl verträgt Temperaturen bis − 8 °C, er ziert daher noch im Winter die Beete mit seiner auffallenden Farbigkeit.

Der Anbauplan (links) versteht sich als eine von vielen Möglichkeiten der Pflanzenzusammenstellung auf einem kleinen etwa 1,20 x 0,70 m großen Hochbeet für Kinder. Wie man auch hier wieder sieht, ist weniger oft mehr! Jede Pflanze braucht ihren Raum, wobei in diesem Beispiel gut die Hälfte des Beetes schon von der Zucchinipflanze beansprucht wird!

Die Gurken sowie die Kapuzinerkresse können dagegen auch seitlich an den Hochbeetwänden hinunterranken.

Das Permakulturhochbeet

Jede Bewirtschaftungsform, die sich an den Regeln der Permakultur orientiert, ist darauf ausgerichtet, dauerhaft funktionierende Systeme zu erschaffen.

Gemeint sind Naturkreisläufe, in denen Mensch, Tier und Pflanze miteinander in Verbindung treten und der eine vom anderen profitieren kann. Natürlich kann die Permakultur auf einem so begrenzten Raum, wie es ein Hochbeet darstellt, nur ansatzweise funktionieren. Dennoch können einige Zielsetzungen der Permakultur, zu denen Nachhaltigkeit, Diversität sowie Widerstandsfähigkeit gehören, auch auf einem Hochbeet realisiert und sogar besonders anschaulich dargestellt werden.

Bei der Entscheidung, welche Pflanzen auf einem Permakulturhochbeet angebaut werden können, hat der Gärtner zunächst die Qual der Wahl. Später nimmt der Hochbeetgärtner eine eher beobachtende Funktion ein und beschränkt sein Eingreifen auf ein Minimum. Die Pflanzen sollten ihm zum Lehrer werden. Sie drücken sich in ihrer eigenen Sprache aus und zeigen uns Menschen in deutlicher Form, ob ihnen ihr Standort behagt oder nicht.

Eine gute Beobachtungsgabe, Offenheit und Lernfreude sind demnach Voraussetzungen, die jeder an Permakultur interessierte Gärtner unbedingt mitbringen sollte.

Geeignete Pflanzen für ein Permakulturhochbeet

- Blutsauerampfer (*Rumex* ssp.)
- Borretsch (*Borago officinals*)
- Erdbeeren (*Fragaria*)
- Etagenzwiebeln (*Allium x proliferum*)
- Feldsalat, Vogerlsalat (*Valerianella locusta*)
- Gartenmelde (*Atriplex hortensis*)
- Kapuzinerkresse (*Tropaeolum majus*)
- Kartoffeln (*Solanum tuberosum*)
- Knoblauch (*Allium sativum*)
- Kürbis (*Cucurbita*)
- Lauch, Porree (*Allium ampeloprasum* ssp.)
- Meerkohl (*Crambe maritima*)
- Oca (*Oxalis tuberosa*) – Knolliger Sauerklee
- Petersilie (Petroselinum crispum)
- Pimpinelle, Kleiner Wiesenknopf (*Sanguisorba minor*)
- Ringelblume (*Calendula officinalis*)
- Rucola, Salatrauke (*Eruca sativa*)
- Schnittlauch (*Allium schoenoprasum*)
- Schildampfer (*Rumex scutatus*)
- Schwarzkümmel, Jungfer im Grünen (*Nigella damascena*)
- Wildtomate (*Lycopersicon pimpinellifolium*)
- Winterportulak (*Montia perfoliata*)

Nachhaltiger Anbau von Nutzpflanzen ist immer dann möglich, wenn sich Pflanzen entweder selbstständig an ihrem Standort aussäen und dort ohne unser Zutun fortpflanzen oder Samen von Menschenhand gesammelt, getrocknet und im Folgejahr wieder auf dem Beet ausgestreut werden können, sodass sich hier alte Sorten ebenso bewahren lassen wie auch – in seltenen Fällen – sogar neue Züchtungen entstehen können.

Es wächst ganz von alleine

Es ist schon sonderbar, was im Frühjahr so alles aus dem Hochbeet sprießt …

Das werden schon viele Hochbeetgärtner gedacht haben, wenn sie später leckere Hokkaido-Kürbisse, Tomaten oder Kartoffeln ernten konnten, und das, obwohl sie diese Pflanzen niemals bewusst angebaut haben.

Durch die Entsorgung der Küchenabfälle während der Wintermonate im Inneren des

Hochbeetes gelangen auch Saatgut und andere keimfähige Pflanzenreste in das Beet. Durch die hier herrschenden milderen Temperaturen überdauern sie durchaus auch den härtesten Winter unbeschadet. Die Keimlinge suchen sich im Frühling ihren Weg ans Licht – auch durch dickere Schichten hindurch – und versetzen den nichtsahnenden Gärtner damit in Erstaunen.

Es ist also durchaus eine spannende Sache, auf die Gewächse aus dem Beetinneren zu warten, und stellt somit ebenfalls einen Anbau im Sinne der Permakultur dar, diesen Pflanzen ihr Recht auf Leben zu gestatten. Dies gilt selbstverständlich nicht für alle Arten von Pflanzen, die auf dem Hochbeet ihren Start ins Leben wagen.

Ein wildes Brombeergestrüpp oder eine stattliche Eiche will sicher niemand auf einem Hochbeet kultivieren, doch vielleicht findet sich für die leckeren Beerenfrüchte oder den heimischen Baum ja noch ein Plätzchen in einer Vogelschutzhecke oder auf einer großen Wiese hinter dem Haus?

Immer auch in Abhängigkeit davon, welche Pflanzen den Winter über verzehrt wurden und welche Pflanzenteile demnach den Weg in das Hochbeet fanden, darf der Hochbeetgärtner mit vielen verschiedenen Pflanzen rechnen, die ganz ohne sein Zutun auf dem Beet erscheinen könnten.

Wirsing, Kürbis und Kapuzinerkresse in trauter Gemeinsamkeit

- Kartoffeln
- Kürbisse
- Tomaten
- Pfirsichbäumchen
- Petersilie
- Wein
- Pastinake
- Walnussbäumchen

- Zwiebeln
- Pfefferminze
- Brombeeren
- Erdbeeren
- Möhren
- Apfelbäumchen
- Kirschbäumchen
- und viele andere ....

Die Beetwände dienen nicht selten auch als Rankgerüst für viele Gartenpflanzen.

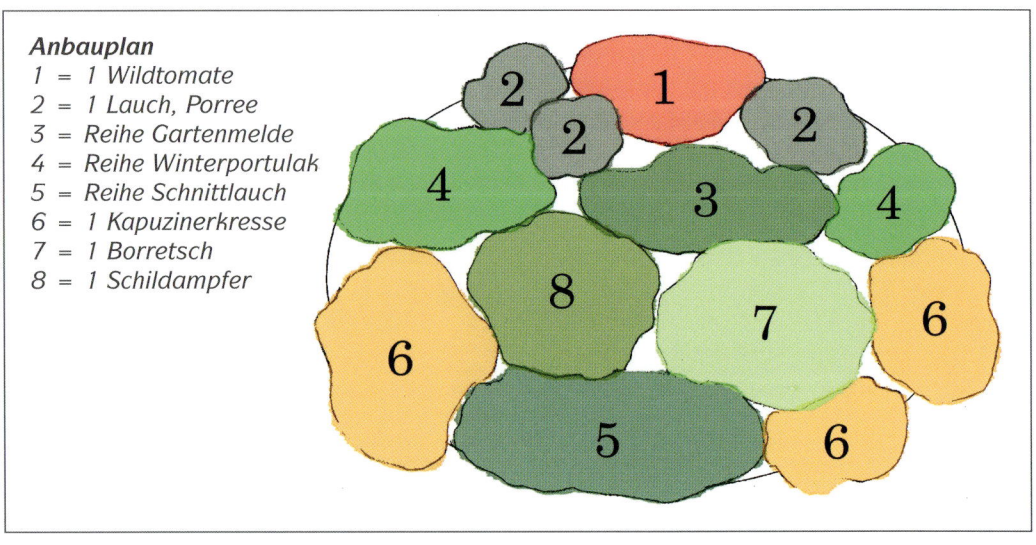

Anbauplan
1 = 1 Wildtomate
2 = 1 Lauch, Porree
3 = Reihe Gartenmelde
4 = Reihe Winterportulak
5 = Reihe Schnittlauch
6 = 1 Kapuzinerkresse
7 = 1 Borretsch
8 = 1 Schildampfer

Pflege des Permakulturbeetes

Ein Hochbeet in Permakultur benötigt nur wenig Pflege.

Zu dicht stehende Pflanzen werden gelegentlich ausgedünnt, damit sie sich nicht gegenseitig in ihrem Wuchs behindern. Ebenso verhält es sich mit unerwünschten Beikräutern, sie werden einfach herausgezupft und als dünne Mulchschicht auf dem Beet liegengelassen.

An heißen Tagen muss allerdings auch das Permakulturbeet regelmäßig gegossen werden. Um eine gute Durchwurzelung zu erreichen, hat es sich bewährt, lieber einmal durchdringend statt mehrfach immer nur oberflächlich zu gießen. Diese Regel gilt nicht nur für Hochbeete, sondern ganz allgemein auch für den Anbau in bodennahen Gemüse- oder Blumenbeeten.

Gedüngt werden muss das Beet nicht, da den Pflanzen über Jahre hinweg immer ausreichend Nährstoffe aus seinem reichen Innenleben zur Verfügung gestellt werden.

Die einzige Pflege des Permakulturbeetes im Hochsommer besteht im regelmäßigen Wässern und gelegentlichen Ausdünnen der Pflanzen.

Rund ums Hochbeet

Pflanzendichte auf einem Hochbeet

Zusammenfassend lässt sich feststellen, dass die Gesamtzahl der auf einem Hochbeet kultivierten Pflanzen in Bezug zur Anbaufläche auffallend gering ist.

Das liegt zum einen daran, dass sich die jung gesetzten Pflanzen generell noch stark entwickeln. Meist wird dies unterschätzt, wenn die winzigen Pflänzchen auf das Beet gepflanzt – oder gesät – werden und man diese daher häufig zu dicht nebeneinander setzt.

Andererseits gedeihen die Pflanzen auf einem Hochbeet besonders gesund und üppig, sodass wir grundsätzlich viel größere und kräftigere Pflanzen erhalten. Es reichen dann oft schon wenige oder sogar einzelne Exemplare einer Art aus, die dennoch einen recht ansehnlichen Ernteertrag liefern.

Zu eng stehende Pflanzen würden sich dagegen gegenseitig in ihrem Wuchs behindern. Eine schlechte Durchlüftung sowie mangelnder Lichteinfall wären in der Folge der Grund für faulende oder schlecht reifende Früchte sowie einen Mangel an Aromastoffen.

Wege im Hochbeetgarten

Je nachdem, wie das Beet genutzt wird, werden ganz bestimmte Ansprüche an einen Weg rund um das Hochbeet herum gestellt. Von diesem Weg aus wird schließlich fortlaufend am Beet gearbeitet. Hier möchte man bequem und sicher stehen (oder auch sitzen), während man sich

Gemulchter Weg durch den Garten

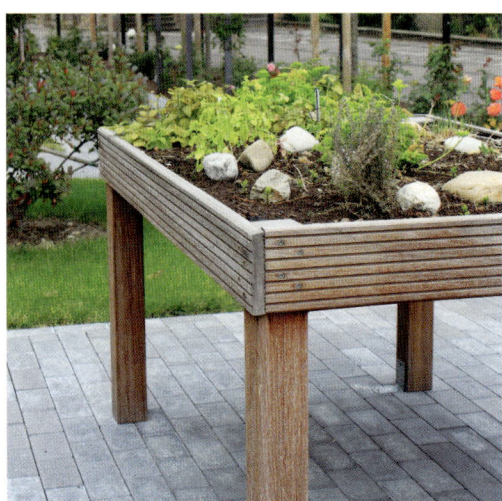

Ebene Flächen können auch von Rollstuhlfahrern befahren werden.

voll und ganz auf die Pflege der Pflanzen konzentrieren kann.

Werden die Beete von Älteren oder auch von Personen mit einer Behinderung betreut, steht vor allem die Sicherheit dieser Wege im Vordergrund. Große glatte Gehwegplatten, als ebene Fläche verlegt, können auch mit einem Rollstuhl oder Rollator sicher und bequem befahren werden. Dafür ist eine Breite von etwa einem Meter angebracht.

Beim Verlegen sollte darauf geachtet werden, dass keinerlei Kanten oder Lücken entstehen. Schon kleinste Unebenheiten werden sonst zu gefährlichen Stolperfallen. Steht eine gute Befahrbarkeit des Weges nicht so sehr im Vordergrund, darf in Sachen Wegbelag aus einer Vielzahl an Möglichkeiten ausgewählt werden.

Hat man einen optisch passenden Weg nicht schon beim Bau des Hochbeetes mit eingeplant und ist der Boden rund um das Hochbeet herum in einem noch absolut jungfräulichen Zustand, ist hier an erster Stelle der ganz schlichte Erdweg zu nennen, der sich ganz von alleine ausformt, wenn auf ihm viele Füße fleißig umherlaufen. Man könnte ihn daher auch liebevoll einen Trampelpfad nennen. Seine Anlage und Pflege besteht lediglich im Entfernen von störendem Bewuchs.

Ein Erdweg ist in einem Nutzgarten die denkbar einfachste Weise, zum Hochbeet zu gelangen, und sieht eigentlich immer schön aus. Bei trockener Witterung läuft es sich auf dem elastischen Boden ganz wunderbar, bei regnerischem Wetter wird der Untergrund allerdings schnell glatt. Hochspritzendes Regenwasser verschmutzt außerdem empfindliche Hochbeetwände. Wer sich mehr Sauberkeit für sein schönes neues Hochbeet wünscht, belegt den Weg um sein Beet herum wahlweise mit Rindenmulch, Holzhäckseln, Tannennadeln, Heu, Stroh, Kies oder Splitt.

Möchte man unbedingt dekorative kleine Steine als Wegbelag verwenden, so hält der Fachhandel eine schier unbegrenzte Auswahl an Materialen bereit. Die Anlage eines Kiesweges ist denkbar einfach:

Die vorgesehene Wegfläche wird etwa 5 cm tief ausgehoben. Anschließend wird das Stein-

*Heller Kieselweg rund um
ein Hochbeet aus Holz*

*Kleine Kröte auf einem Weg
aus zerstoßenen Muscheln*

material sauber in die Vertiefung eingefüllt und gleichmäßig verteilt.

> Sehr dekorativ wirkt auch ein Weg mit einem Belag aus zerstoßenen Muscheln, wie man ihn häufig in Küstennähe sieht.

Doch wünschen sich viele eine wesentlich solidere Alternative als einen Erd- oder Kiesweg. Schließlich stellt das Hochbeet nicht selten ein sehr zentrales und ins Auge fallendes Element des Gartens dar. Der Weg wird daher auch als notwendige und wichtige Ergänzung zum Hochbeet gesehen. Entsprechend viel Aufmerksamkeit wird seiner Gestaltung geschenkt.

Immer wieder wird das Hochbeet im Garten angesteuert, um hier Abfälle aus Küche und Garten abzuladen, die Pflanzen zu gießen, zu ernten oder einfach nur ihr Wachstum zu überwachen.

Um sich hier sicher und bequem fortbewegen zu können, sollte die Breite des Weges mindestens 40, besser sogar 60 bis 70 cm betragen.

Holzbohlen sind als Belag nett anzuschauen, verfügen allerdings nur über eine begrenzte Haltbarkeit. Auch größere Steine, die in einem Bett aus sehr feinem Split zu einer soliden und dabei ebenen Fläche verlegt wurden, stellen eine sehr schöne Wegvariante dar. Dafür kommen viele verschiedene Steinarten in Frage. Pflastersteine sehen als Belag für einen Gartenweg immer sehr natürlich aus. Es gibt sie in verschiedenen Größen und Materialien. Am schönsten sind Pflastersteine aus Natursteinen, wie Granit oder Basalt. Klinkersteine, Natursteinplatten, Betonformsteine oder große runde Kieselsteine sind ebenfalls als Belag denkbar und ergeben einen dauerhaften und optisch ansprechenden Weg.

Das Verlegen ist viel einfacher als die meisten denken:

Je nach Dicke der verwendeten Steine hebt man den Untergrund auf der vorgesehenen Wegfläche etwa 10 bis 20 cm tief aus, verfestigt den Untergrund, überprüft das Gelände mit

Sauber verlegter Gehweg
aus Natursteinplatten

einer Wasserwaage und füllt nun feinen Splitt
in einer 10 cm dicken Schicht in die Vertiefung
hinein.

Die Steine werden nun zu einem ansprechenden Weg verlegt, wozu sie nebeneinander
– oder zu einem dekorativen Muster gelegt –
leicht in den Splitt hineingedrückt werden. Ein
Gummihammer hilft dabei, die Steine mal
mehr und mal weniger tief in den Splitt zu versenken, damit aus ihnen eine ebene Oberfläche entsteht. Nachdem die Steine zu einer
ebenmäßigen Fläche verlegt wurden, wird Sand
oder sehr feiner Splitt darüber gestreut und
eingefegt, bis alle Lücken – sie sollten generell
möglichst klein gehalten werden – damit verschlossen sind.

Wer es rustikal liebt, legt Wege
aus Basaltpflaster.

Was pflanze ich um das Hochbeet herum?

Ein Hochbeet steht ja niemals so ganz für sich alleine. Kann es auch gar nicht, da es in Form und Struktur meist schon sorgfältig für seinen Standort ausgewählt wurde. Je nachdem, ob der Garten eine moderne Architektur, eine ländliche oder bäuerliche Atmosphäre oder eher städtisches Flair ausstrahlt, wird sich auch das Erscheinungsbild eines Hochbeetes daran orientieren. Und natürlich gehören zu diesem ganzheitlichen Konzept neben einem Weg um das Beet herum auch die angrenzenden Gartenteile.

Man könnte hier viel verderben, wenn das Hochbeet etwa hinter hohen Hecken verschwindet oder das Unkraut um ein Hochbeet aus edlem Hartholz meterhoch wuchert.

Wie jedoch bereits erwähnt, kann auch eine unmittelbare Bepflanzung wenigstens einer Hochbeetseite – auch aus gartentechnischen Gründen – durchaus sinnvoll sein. Blühende halbhohe Stauden, wie etwa Phlox oder Sonnenhut, beschatten sonnige Südwände und schützen daher das gesamte Hochbeet vor allzu großer Hitze und Verdunstung. Im Vorfrühling können Krokusse oder Schneeglöckchen den Fuß eines Hochbeetes mit anmutiger Farbfrische verzieren, in den Spalten von Trockenmauerhochbeeten dürfen vereinzelt blühende Polster der Glockenblume, des Lerchensporns oder einige Heidenelken Fuß fassen und dort charmante Akzente setzen.

Bunte Blumen werten jeden Standort auf. In besonderer Weise schmücken sie dabei die Umgebung eines Hochbeetes. Es sollte jedoch immer darauf geachtet werden, dass die Blühpflanzen die Optik des Beetes unterstreichen, indem man hier Arten wählt, die in ihrer Wuchsform und -stärke nicht allzu dominant sind und sich dezent und unaufdringlich dem Hochbeetkonzept und der Bepflanzung unterordnen.

Krokusse setzen im Vorfrühling farbige Akzente.

Gelber Sonnenhut (Rudbeckia) hält sich meist vornehm zurück.

Haltbarkeit von Hochbeeten

Als grobe Regel gilt, dass die Langlebigkeit eines Hochbeetes davon abhängt, in welchem Maße seine Außenwände formbeständig, bruchfest und witterungsbeständig aufgebaut sind.

Hochbeetart	Lebensdauer	Besonderheit
Holzkästen	5–25 Jahre	Die Lebensdauer hängt stark vom verwendeten Holz ab sowie dessen Konservierung und Pflege. Harthölzer sind generell langlebiger, auch sind mit Folie ausgekleidete Beete wesentlich länger haltbar.
Steinbeete	5 Jahre bis unbegrenzt	Beete aus großen und schweren Steinen (z. B. Palisaden aus Granit) können unbegrenzt halten. Beete aus kleinen Steinen müssen von Zeit zu Zeit neu aufgesetzt werden, gegebenenfalls müssen Steine erneuert werden.
Hochbeete aus Beton	mindestens 20 Jahre	
Beete aus Stahlblech	4–20 Jahre	Verzinktes Stahlblech hat die längste Lebensdauer.
Beete aus Edelstahl	unbegrenzt	
Reisigbeete, Weidenbeete	2–5 Jahre	Beete aus lebenden Weiden halten natürlich länger, bei Beeten mit Pflöcken aus Eiche oder Robinie muss lediglich das Weidengeflecht von Zeit zu Zeit erneuert werden.

Verjüngungskur für altersschwache Beete

Nicht nur die formgebenden Seitenwände von Hochbeeten kommen irgendwann „in die Jahre" und müssen entweder repariert, teilerneuert oder sogar vollständig ersetzt werden.

Auch die Füllung von Hochbeeten unterliegt einem natürlichen Alterungsprozess.

Nachdem dort jahrelang Pflanzen angebaut und ein hoher Ernteertrag erwirtschaftet wurde, lässt die Fruchtbarkeit der Hochbeetfüllung ganz allmählich nach. Es reicht nun nicht mehr aus, das Beet einfach nur mit normaler Gartenerde aufzufüllen. Vielmehr muss sich eine Belebung der Bodenfruchtbarkeit auch auf die tieferen Schichten des Beetes ausweiten, wozu man am besten wie folgt vorgeht:

Das abgeerntete Beet wird in der Mitte der Länge nach geöffnet. Aus dieser Öffnung wird Substrat herausgeholt und zu beiden Seiten aufgeschichtet. Material wird möglichst auch aus der Tiefe des Beetes nach oben geholt. Die entstandene Öffnung wird nun mit frischem Material aufgefüllt, wozu Grünabfälle, Kompost, vermengt mit Hornspänen und Gesteinsmehl, Laub, Grasschnitt und vieles mehr gehören kann. Wichtig ist eine gute Mischung der verfügbaren Materialien.

Die Füllung wird gut festgedrückt, ein wenig befeuchtet und anschließend wieder dick mit Erde bedeckt. Nach dieser Verjüngungskur kann auf dem Hochbeet ohne Wartezeiten wieder gepflanzt und gesät werden.

Junger Kopfsalat

Hochbeetprojekte mit Kindern und Jugendlichen

Jede Art von Projekt, das mit Kindern und Jugendlichen realisiert wird, hinterlässt nicht selten einen prägenden Eindruck bei allen Teilnehmern. Das positive Gemeinschaftsgefühl stellt gerade für Heranwachsende eine wertvolle Erfahrung dar. Wie schön, wenn man die jungen Menschen auch für Themen des Umwelt- und Naturschutzes begeistern kann.

Aktivitäten im Grünen, wozu auch der Bau von Trockenmauern oder Hochbeeten gehören, erfordern körperlichen Einsatz, Ideenreichtum, Teamgeist sowie eine gut durchdachte Planung. Der gemeinschaftliche Bau eines Hochbeetes eignet sich ganz hervorragend dazu, bei Kindern und Jugendlichen das Interesse für Naturzusammenhänge zu wecken.

Viele verschiedene Varianten zur Erhöhung eines Beetes sind denkbar. Ein Kräuterwurm (S. 85) könnte hier ebenso entstehen wie ein Hochbeet in Trockenbauweise mit integrierten Nisthilfen (S. 67), eine Kräuterspirale (S. 84) oder einfache Holzkästen aller Arten (ab S. 32).

Schon bei der Planung, welches Hochbeet schließlich entstehen soll, haben die jüngeren Teilnehmer ein Mitspracherecht. Ein Bebauungsplan legt fest, welche Pflanzen hier später wachsen werden. Die Aussicht, nach dem erfolgreichen Bau des Beetes allerhand nützliche und dekorative Pflanzen zu kultivieren, sichert den Projektleitern motivierte Teilnehmer.

Weinbergschnecken lieben die Umgebung von Hochbeeten aus Stein. Sie richten auch nur wenig Schaden an den Pflanzen an.

Ein schön bepflanzter Kräuterwurm erntet sicher allgemeine Bewunderung und Anerkennung.

Der Anbau von Pflanzen ist ein generationenübergreifendes Thema. Er bietet immer reichlich Gesprächsstoff und macht die jungen Bauherren zu Recht stolz auf ihr Werk. Durch die fortwährende Nutzung eines Hochbeetes werden Eigenschaften wie Verantwortungsgefühl und Engagement gefördert sowie die Freude an Vorgängen in der Natur geweckt oder vertieft.

Der gemeinschaftliche Bau eines Hochbeetes stellt für Kinder eine wertvolle Erfahrung dar.

Gartengestaltung mit Hochbeeten – der Hochbeetgarten

Von geradezu beeindruckender Individualität sind Gärten, die im Wesentlichen nur aus höher gelegten Beeten bestehen, beziehungsweise auch Gärten, in denen Hochbeete das bestimmende Gestaltungsmerkmal darstellen.

Was für die an den Beeten arbeitenden Personen ein erholsames Vergnügen ist, wird für den Besucher eines Hochbeetgartens zu einem überwältigenden Erlebnis für die Sinne. Kaum jemand kann dem besonderen Reiz widerstehen, den Pflanzen aus allernächster Nähe beim Wachsen und Blühen zuzusehen.

Die Hochbeete sollten in Größe, Farbe und Bauart zueinander passen und harmonieren. Anderenfalls könnte ein Garten zu unruhig wirken, was der gesamten Anlage schnell ein ungeordnetes Erscheinungsbild verleihen würde. Idealerweise wird ein Konzept für den Garten erarbeitet, das ihn in seiner Gesamtheit sowie in Bezug zu seiner Umgebung wahrnimmt und ihm somit eine homogene Struktur verleiht. Eindrucksvoll sind Hochbeetgärten, die einem bestimmten Thema gewidmet sind.

So wirkt ein Nutzgarten mit symmetrisch angeordneten Hochbeeten aus Reisig oder Weidengeflecht fast wie ein historisches Relikt, das längst vergangene Geschichte wieder lebendig werden lässt.

Einen Garten vollständig mit Hochbeeten einzurahmen, ist ebenfalls eine sehr interessante Möglichkeit, erhöhte Beete anzulegen und gleichzeitig die Grenzen des Grundstücks zu markieren.

In einen Hang eingearbeitete Terrassen bilden gleichfalls erhöhte Beetflächen, die am sinnvollsten mit Naturbruchsteinen abgestützt werden. Auch bei diesen Terrassenbeeten handelt es sich um Hochbeete, die zum Anbau von Gemüse oder Blumen genutzt werden können.

Die Freude am Außergewöhnlichen wird vielleicht sogar dazu führen, in einem Teil des Gartens einen Weg auszuheben und ihn zu beiden Seiten solide mit Mauern abzustützen.

Dadurch verwandeln sich die Beete rechts und links des tiefer gelegten Weges automatisch in Hochbeete, an denen nun wesentlich komfortabler und den Rücken schonend gearbeitet werden kann. Über Stufen könnte man von diesem „Hohlweg" aus zu den übrigen Gartenteilen gelangen.

In Bezug auf einen Hochbeetgarten ist nichts unmöglich. Das Höherlegen von Beeten ist immer wieder ein spannendes Ereignis. Durch den kreativen Hoch- und Tiefbau im Garten werden echte Erlebnisräume geschaffen sowie faszinierende und dabei ganz neuartige Stimmungen erzeugt.

Jung und Alt werden dazu motiviert, in einem Hochbeetgarten – häufig auch miteinander – aktiv zu werden, sodass man Hochbeete im Garten demnach auch als ein wichtiges, zukunftsweisendes Element des Gartenbaus bezeichnen kann.

Wer mag noch daran zweifeln, dass Hochbeete im Garten oder auf dem Balkon dazu in der Lage sind, in gleicher Weise die Sinne anzuregen, mit der Natur zu verbinden, nur einen mäßigen Arbeitseinsatz von uns zu fordern, mit ihrer vollendeten Ästhetik unsere Sinne zu verführen, Generationen zu vereinen und zu guter Letzt auch noch gesundes Gemüse, Kräuter oder bunte Blumen zu liefern?

Hochbeete stellen eine Zierde für jeden Garten dar.

Anhang

Bezugsquellen/Nützliche Adressen

Manufact gGmbH
Flechtwerkgestaltung
Korbmachermeister Ronald Helbing
Treffurter Weg 14 a
D–99974 Mühlhausen/Thüringen
Tel.: (03601) 885488
Fax: (03601) 885440
Mail: manufact-ggmbh@t-online.de
Web: www.manufact-ggmbh.de

Jürgl OHG
Baumschule, Stauden, Garten- u. Landschaftsbau
Sürther Straße 300
D – 50999 Köln
Tel.: (02236) 62781
Fax: (02236) 64770
Mail: info@juergl.de
Web: www.juergl.de

Ökologische Gartenberatungen:
Sofie Meys
50999 Köln
Tel.: 0163-356-7535
Mail: info@gartenwelt-natur.de

SCHAFBUCKEL.DE
schlichtes einfach modern
Hochbeete, Betonmöbel, Garten-
stecker – Schönes aus Holz & Beton
Web: www.schafbuckel.de

PBI AUSTRIA GmbH
Fabriksplatz 1/22
A - 4662 Steyrermühl
Mobil: +43 (0)676 40 46 400
Tel.:   +43 (0)7613 - 449007
Fax: +43 (0)7613 - 449009
email: bp@pbi-austria.at
Web: www.pbi-austria.at

Weiterführende Literatur

Reinhard Witt: „Wildpflanzen für jeden Garten
1.000 heimische Blumen, Stauden und Sträucher“
blv

Sofie Meys: „Lebensraum Trockenmauer“
pala-Verlag

Sofie Meys: „Schneckenalarm“
mit Cartoons von Renate Alf
Pala-Verlag

Aus unserem Programm

ISBN 978-3-7020-1408-7

ISBN 978-3-7020-1260-1

ISBN 978-3-7020-1394-3

ISBN 978-3-7020-1401-8

Leopold Stocker Verlag
www.stocker-verlag.com
Graz – Stuttgart

Aus unserem Programm

ISBN 978-3-7020-1263-2

ISBN 978-3-7020-1398-1

ISBN 978-3-7020-1308-0

ISBN 978-3-7020-1177-2

Leopold Stocker Verlag
www.stocker-verlag.com
Graz – Stuttgart